为何抛弃
我的孩子？

"婴儿信箱"十年纪实

日本 NHK 采访组　著

徐微洁　陈康妮　译

中国出版集团　东方出版中心

图书在版编目（CIP）数据

为何抛弃我的孩子？："婴儿信箱"十年纪实 / 日本NHK采访组著;徐微洁 陈康妮译. 一上海:东方出版中心, 2023.4
　ISBN 978-7-5473-2165-2

　Ⅰ. ①为… Ⅱ. ①日… ②徐… ③陈… Ⅲ. ①女性－生育－社会问题－研究－日本 ②婴幼儿－生存－社会问题－研究－日本 Ⅳ. ①D731.38

中国国家版本馆CIP数据核字（2023）第049026号

NAZE, WAGAKO WO SUTERUNOKA "AKACHAN POST" 10-NEN NO SHINJITSU
Copyright © 2018 NHK
Chinese translation rights in simplified characters arranged with NHK PUBLISHING, INC.
through Japan UNI Agency, Inc., Tokyo
Simplified Chinese translation copyright ©2023 by Orient Publishing Center
ALL RIGHTS RESERVED

上海市版权局著作权合同登记：图字09-2023-0154

为何抛弃我的孩子？："婴儿信箱"十年纪实

著　　者　日本NHK采访组
译　　者　徐微洁　陈康妮
责任编辑　陈哲泓　时方圆
装帧设计　徐　翔

出版发行　东方出版中心有限公司
地　　址　上海市仙霞路345号
邮政编码　200336
电　　话　021-62417400
印　刷　者　上海万卷印刷股份有限公司

开　　本　889mm×1194mm　1/32
印　　张　7.375
字　　数　85千字
版　　次　2023年7月第1版
印　　次　2023年7月第1次印刷
定　　价　49.80元

目　录

序　章　日本唯一的婴儿信箱　　　　　　　　001

被抛弃的 130 条生命 / 被托付给婴儿信箱的孩子
与养父母的邂逅 / 引以为豪的儿子
姓名、年龄与籍贯均不明 / "幸好他们把我放进了婴儿信箱"
直面过去的少年 / 少年眼里的婴儿信箱
节目组收到的各种反馈 / 婴儿信箱的另一面

第一章　生命被如此抛弃，又被如此拯救　　　023

一个名为"婴儿信箱"的设施 / 民营医院的创举
"致妈妈——我们会保守秘密"
为身份不明孩子取名的亲人——熊本市市长
社会对首例婴儿信箱孩子的反响 / 国家对首例婴儿信箱孩子的态度
婴儿信箱中不断新增的婴儿 / 婴儿信箱启用一年后的评估报告
报告发布后的动向 / 婴儿信箱启用两年半后的评估报告
显然，有人在轻率地使用婴儿信箱 / 威胁母婴生命的使用案例

亲生父母不明 / 婴儿信箱能为孩子的一生负责吗？

匿名性究竟是为了谁？ / 对国家的建议和诉求

在全国开设咨询窗口 / 一如既往小心谨慎的政府

威胁生命的独自分娩 / 独自分娩的案例

婴儿信箱中的残障儿童 / 使用婴儿信箱时的安全性和违法性

保护母体的重要性 / 出人意料的事件再次发生

远渡重洋的孩子 / 不为人知的婴儿信箱百态

第二章　走投无路的女性，随心所欲的男性　　069

来到婴儿信箱的女性

案例 1　真由美（20多岁），**意外怀孕后使用婴儿信箱**　　072
　　　　意外发生 / 怀孕是自作自受
　　　　无法逃避的现实 / 抛弃孩子的决心

案例 2　小舞（20多岁），**男方让她堕胎，但她选择成为单亲妈妈**　078
　　　　不愿被人知道怀孕的事实 / 第一次向人倾吐烦恼

案例 3　文乃（20多岁），**因男方拒绝生下孩子，最终使用婴儿信箱**　082
　　　　怀孕的喜悦转瞬即逝 / 冷漠至极的男人
　　　　走投无路，最后的救命稻草 / 死心与决定
　　　　临产的危险行为 / 在宾馆中羊水破裂
　　　　危险的分娩 / 从未紧紧拥抱过自己的孩子
　　　　被托付给新家庭的生命 / 在家乡开始新生活
　　　　对孩子的思念与日俱增

案例 4　出轨男子使用婴儿信箱，女子携女儿自杀身亡　　097
　　　　被带走的小女孩 / 被交还给母亲的女童

未能被挽救的生命 / 需评估以避免悲剧重演

案例 5　将遗体放入婴儿信箱后便一走了之，
　　　　　警方将此作为一起遗弃事件出警调查　　　102
　　　　　婴儿信箱设立以来令人震惊的事件
　　　　　锁定丢弃死婴的母亲 / 分娩中死亡的男婴
　　　　　"想要安葬宝宝"

不负责任的男性

第三章　生大于养？养大于生？　　　109

与婴儿信箱中女婴的邂逅 / "想给她满满的爱"
一位产科医生的心愿掀起波澜 / 成为养父母前的漫漫长路
无法普及的特殊收养 / 在机构生活的孩子
落后于世界的儿童养护现状 / 婴儿信箱中孩子的去向
突然现身的亲生父母 / 养父母的苦恼
水落石出的出身 / 平静生活被打破的恐慌
家庭法院的判决 / 重视血缘关系的家庭观
剥夺亲权的起诉寥寥无几 / 遗弃子女后依旧保留的亲权
生大于养？养大于生？

第四章　谁来帮助孤立无援的母亲　　　145

社会中的弱势群体 / 生活困窘威胁怀孕和生产
无法获取信息的孕妇 / 未经产检的风险
临盆才去医院的情况为数不少 / 被社会孤立的人们

倾听女性的声音 / 林林总总的咨询内容
全国各地的婴儿信箱后备军 / 咨询窗口的法定化
母亲援助体制推进受阻 / "弃婴计划"的缘起
遍布德国的援助设施 / "终止妊娠咨询"的普及
生或不生——支持女性的选择 / 形成多种援助机制
建构与母婴息息相关的机制 / 国家参与方式的差异

终　章　如何守护孩子的生命　　　　　　185

评估报告中的专家意见 /10 年运营得出的总体评估
希望不再有身份不明的孩子 / 推出保护母婴的"秘密生产"
从匿名到实名 / 引进新制度尚需论证
会出现新的婴儿信箱吗？/ 连接医疗和福利的人们
孩子们无法预见的未来 / 选项的增加仅浮于表面
婴儿信箱的新问题 / 关于健全儿童福利制度
婴儿信箱带来的问题 / 小翼和婴儿信箱

结　语　　　　　　217

参考文献　　　　　　222

序　章

日本唯一的婴儿信箱

被抛弃的130条生命

在日本，有这样一个地方。只有在这里，你可以"抛弃"孩子而不受任何法律制裁。它就是熊本市[1]慈惠医院的"鹳鸟摇篮"，俗称"婴儿信箱"。

2017年5月，婴儿信箱迎来了成立10周年纪念日，它的设立旨在守护那些因人工流产、疏于照管、弃养等而遭受生命威胁的婴儿。

---

1 [译注] 熊本是位于日本九州岛的一个县，县政府所在地是熊本市。日本的
行政区划一般分为都、道、府、县（广域地方公共团体），以及市、町、村、
特别区（基础地方公共团体）两级。现有1都（东京都）、1道（北海道）、
2府（大阪府、京都府）和43县。

10 年来，人们围绕婴儿信箱争论不休，莫衷一是。有人认为它能"挽救生命"，也有人认为"会助长弃养之风"。婴儿信箱就设在医院内一处不起眼的角落。10 年前，我作为 NHK[1] 熊本电视台的一名现场记者来此地采访，当时内心五味杂陈，至今仍记忆犹新。

慈惠医院，由天主教传教士于 1898 年开设

　　其后，随着以该医院为蓝本的电视剧登陆荧屏，医护人员的善举逐渐广为人知。该剧播出后反

1　［译注］NHK 即日本广播放送协会（Nippon Hoso Kyokai），是日本第一家根据《放送法》成立的大众传播机构。

响热烈，慈惠医院在收获诸多赞誉和感动的同时，也筹集到许多善款。

10年间，被托付给婴儿信箱的婴儿数量达到130名。不知各位读者看到这个数字，会作何感想？

本书既非介绍医院的活动情况，也无意指责意外怀孕的女性或无力抚养孩子的父母。

本书旨在揭示我们对日本唯一的婴儿信箱进行长期采访过程中目睹的现实，借此与各位读者共同探讨当今社会面临的各种问题。

婴儿信箱设立8年后，NHK制作了一期新闻节目——《今日焦点：被托付给婴儿信箱的生命——100名婴儿的命运》（2015年4月）。两年后，NHK又制作了《今日焦点＋：我的亲生父母在哪里？——10年后的婴儿信箱纪实》（2017年6月）。本书内容便围绕以上两期新闻节目展开。

为了从不同于以往的视角刻画婴儿信箱的现实，我们的采访团队决定去拜访一位少年。

婴儿信箱是否在真正意义上完成了"拯救孩子"的使命？

我们认为，只有倾听那些曾被放入婴儿信箱的当事人的声音，才能找到真正的答案。

被托付给婴儿信箱的孩子

那个曾被托付给婴儿信箱的小男孩，如今已成长为一个 10 多岁的少年。

"为什么要把我托付给婴儿信箱呢？"

少年眼眸低垂，喃喃自语，这一幕在笔者的脑海中挥之不去。然而，真相究竟如何？无疑，小翼（化名）无从知晓。

初见我们时，小翼丝毫未露怯生之色。与同龄人相比，小翼显得格外稳重。

在一旁不安地注视着小翼的两人，便是小翼的养父母田中聪（化名）和田中洋子（化名）。

"我们希望让社会看到，那些被放入婴儿信箱的孩子正在茁壮成长。"田中聪如是说，并答应让小翼接受我们的采访。就这样，我们第一次见到了这个曾被放入婴儿信箱的孩子。

为了避免无意中对小翼造成伤害，我们事先准备了采访提纲并在脑海中反复演练。

到了约定的日子，我们来到田中家，却难掩紧张之情。田中夫妇十分热情地接待了我们。

"小翼，快过来打个招呼。"

应声而来的是一个稚气未脱的孩子，他带着腼腆的微笑，轻声说道"您好"。望着眼前的孩子，一种说不出的滋味涌上心头。

与养父母的邂逅

桌上放着几本相册，洋子女士依次翻开并向我们展示其中的照片。仅从这些照片中，便足以窥见田中夫妇对小翼的疼爱。

"这是第一次见到小翼时拍的照片。"

照片上，洋子女士抱着一个小男孩，男孩哭肿了眼睛，涨红了脸。

据说当夫妻俩接到儿童咨询所的电话，询问他们是否愿意收养婴儿信箱中的孩子时，两人都不知所措。那天一早，秋风萧瑟，怀揣着几分忐忑，夫妻二人来到儿童咨询所，见到了小翼。当时，小翼不知为何紧抓着一只运动鞋，哭闹不止。那只运动鞋正是小翼被放入婴儿信箱那天穿的。看到这里，田中聪先生不由抱紧了小翼，并安抚道："没事了，什么都不用担心了……"

当时，距小翼被托付给婴儿信箱已时隔 5 个月，他已经能够认人，也就是到了认生期。许是敏锐地察觉到环境的变化，小翼哭闹不止，这让夫妻俩手足无措。然而，两人不忍心对这个孩子不管不顾，最终下定决心一起守护他。

引以为豪的儿子

小翼虽然过了一段时间才适应新环境，但不久后，他便自然而然地露出了笑容，并在不知不觉间学会了叫"爸爸妈妈"。

"这孩子从小就很喜欢运动，尤其是跑步，一直都特别喜欢。画画也很不错，还经常帮我们做家务。他真的是我们的骄傲。"

相册里是按时间顺序整理好的照片，从幼儿园的运动会、郊游到小学的开学典礼、运动会和家人的旅行……记忆的点点滴滴被悉数珍藏。如果那一天，那个地方，没有婴儿信箱，那么这些关于田中翼小朋友的成长记录将不复存在。

"当我见到这个孩子时，觉得特别震惊，居然真的有孩子被放进婴儿信箱。刚开始我特别担心，不知道该如何面对这个孩子。但现在觉得，能遇到小翼，能拥有这个孩子，我真的太幸运了。毕竟我们已经成为真正的父子了。"田中聪先生一边说着，一边满目慈爱地望着小翼。

得知小翼仍断断续续地记得被放入婴儿信箱那天的经过，田中夫妇便决定不再隐瞒，而是向小翼袒露有关他身世的一切信息，包括他幼年曾被托管在机构中、与现在的父母虽无血缘关系却被视为掌上明珠……为了让小翼理解，二人根据他的年龄循序渐进，不断在他耳边重复这些话，每当他提出疑问，无不悉心解答。

姓名、年龄与籍贯均不明

事实上，当小翼被放入婴儿信箱时，身上并未留下任何能证明身份的物品。姓名自不必说，年龄、籍贯亦无从知晓。在他身边，只放着一只蓝色双肩背包，上面印有深受孩子喜爱的动画人物。

小翼从自己房间的衣橱里拿出了那只背包，并展示给我们看。拉开拉链，里面塞满了几件穿旧的儿童 T 恤、长裤和几双运动鞋。

"我不记得穿过它们，但这些大概是妈妈买给我的吧……"小翼一边喃喃自语，一边小心翼翼地将它们一件件铺开。

没错，一定是这样。这些东西虽然不是高档品，但想必是小翼的亲生父母或身边的人为他挑选的礼物吧。

背包中还有小翼被放入婴儿信箱时穿的白色运动鞋。田中夫妇在儿童咨询所见到小翼时，他手中紧紧抓着的也正是这双运动鞋。小翼轻轻地将手伸向这双鞋尖隐约带有污渍的运动鞋。

"我以为妈妈会来，所以一直抱着这双鞋。但听到儿童咨询所的叔叔阿姨跟我说'妈妈没有来'后，我好像就开始大哭大闹了。小时候觉得特别孤独，不明白他们为什么要把我放进婴儿信箱里。"

"幸好他们把我放进了婴儿信箱"

那时，小翼已开始记事。熊本市公布的数据显示，绝大多数被放入婴儿信箱的孩子都是新生儿，但也有一些不满 6 岁的幼儿。小翼，便是其中之一。

小翼拉开书桌抽屉，从中拿出一幅画给我们看。画上，一个戴眼镜的男人牵着他的手。

绘有被放入婴儿信箱那天情景的活页纸

小翼告诉我们，那天，这个男人拉着他的手乘坐新干线。他已经不记得从车站到医院的路，也不记得是如何去的。只记得回过神时，面前是一幢陌生的建筑。这个男人抱着他，把他放进了一个狭小的空间。随后，门被轻轻合上，里面只剩他一人。那个人再也没回来。

就这样，被抛弃在陌生之地的巨大打击，在幼儿的记忆中烙下一道清晰鲜明的印记。这样的经历实在过于残酷。

小翼记得自己被抛弃的那一刻，为了防止遗忘，还把它绘成了一幅画。或许那天的经历将注定伴随他一生。

"虽然我们无法从小翼的人生中抹去被放入婴儿信箱的事实。但我们希望过去和未来一起度过的时光能成为他心中无可替代的回忆。我们相信，只有这样，他才会接纳自己的过去，才会阔步向前，而不是否定过往。"田中聪先生如是说。

如果可以，我并不想问小翼下面这个问题。但如果不问，便无法完成采访任务。

——你如何看待婴儿信箱呢？

"如果没有把我放进婴儿信箱，我就不能遇到现在的爸爸妈妈，也不能在这个家里生活。幸好他们把我放进了婴儿信箱，而不是丢在路边。"

听到小翼的回答，一旁的洋子女士不由地攥紧了膝上的手帕。

现在的小翼衣食无忧，身边有大人陪伴，大人像所有的父母一样时而对他严厉呵斥，时而疼爱有加。正因如此，他才能够说出这番话。

"幸好他们把我放进了婴儿信箱。"离开田中家后，小翼的这句话始终萦绕在我的脑海，挥之不去。

直面过去的少年

距第一次见到小翼时隔 3 年，在一个春日，我们对他进行了回访。

10 年前，面对接连发生婴儿被遗弃在寄存柜或公园中的惨剧，慈惠医院意识到事态的严重性，设立了婴儿信箱，希望至少能够挽救生命。

值此婴儿信箱设立 10 周年之际，我们将目光投向了围绕婴儿信箱的各种问题，并希望通过这个节目引发全社会的思考：我们该拿什么来拯救孩子？

与上次见面相比，小翼长高了不少，也褪去了一身稚气。

"可能是到了叛逆期吧，最近都不怎么跟我们说话。"田中聪先生苦笑着说道。一旁的小翼腼腆地笑着，就和上次见到他时一样。

希望让更多人看到被放入婴儿信箱的孩子正在温暖的家庭中茁壮成长。上次采访时，小翼察觉到了养父母的这份良苦用心，接受了我们的采访。

而当我们再次提出采访的请求时，小翼的养父田中聪先生却向我们透露："小翼虽然还没长大，但他正在尝试勇敢地直面自己的过去。要不要接受采访，我想让他自己决定。"

小翼已经到了能够用自己的语言表达感受的年纪，他究竟是以一种怎样的心情去接纳自己的过去呢？当我们提出希望再一次倾听他最直接的想法时，他默默地点了点头。

在采访开始前，我告诉他"不想回答的可以不回答"，随后便步入了正题。

少年眼里的婴儿信箱

——这个问题虽然之前问过，但请允许我再问一次。对你来说，婴儿信箱是一个怎样的存在呢？

改变我人生轨迹的东西。因为被放入婴儿信箱，我才有幸得到救助，才能过上现在的生活。我还是觉得，多亏有婴儿信箱，我才能过上普通人的生活，有家人，有朋友，能感受到平凡的可贵，这让我觉得很快乐。

——当你被放进婴儿信箱时，感觉到"孤独"吗？

我到现在也忘不了当时的画面，没有家人，也没有熟人，特别孤独……

——你对自己的原生家庭是怎样的一种感情呢？

虽然被放进婴儿信箱可能就等于被抛弃，但我想在这之前，他们应该也是非常疼我的。想到这些，我还是很感谢他们没有放弃我，而是把我放在了这样一个受社会保护的地方。

——你是在被转到儿童咨询所5个多月后，遇到了新爸爸妈妈，对吗？现在的生活感觉如何呢？

现在感觉这里已经是"自己家"了。我在生活中也已经把他们当成自己真正的"爸爸妈妈"了。

——也就是说，你现在已经感觉到这种"亲子"间的联系了，对吗？

每天和他们在一个屋檐下共同生活，虽然没有血缘关系，但我也逐渐能理解他们的心情。就和"普通的家庭"一样，我们之间有了羁绊……每天有哭也有笑，我觉得很快乐。

——和新的家人感情越来越深的同时，你有什么烦恼吗？

之前学校布置了一个作业，让我们做一个成长相册。因为我没有小时候的照片，所以就想着以画代替。当时突然就想到我从哪里来？我的亲生父母在哪里？心里很难受。

——肯定也有一些孩子和你有一样的烦恼，有同样的心情。

我们这些被放入婴儿信箱的孩子，或许彼此之间能够感同身受吧。如果有人为此烦恼，我想告诉他，他并非独自一人。那些被放入婴儿信箱的孩子以怎样的心情活着，对此只有我们有发言权。同时，我觉得我们有责任，或者说我们能做的，就是把这些告诉社会。

——因为婴儿信箱允许匿名托管，这有时也会让孩子的身世成谜。对此，你怎么看呢？

每个人成年时，都会在某一刻想了解自己的过去。只要有一张照片，就会很开心，也会把那张照片珍藏起来。和亲生父母相处的时光也是我人生的一部分，所以希望他们能给我留下一些"我曾在这个世上活过的证据"。我虽然能在今后创造和养父母共同的记忆，但我无法回到过去，所以我希望那些匿名托管的人能给他们的孩子留下一些东西。

——你将来想做什么工作呢？

我想在儿童咨询所工作，倾听那些和我有同样遭遇的孩子的烦恼，缓解他们的焦虑。我想告诉他们，他们并非独自一人。

节目组收到的各种反馈

我们是首个将这些孩子的采访实录搬上荧幕的媒体，第一期节目播出后，反响热烈。

其中，难免有一些诸如"我们不应该打扰这些孩子"之类的批判声。

但从小翼身上，也有一些观众深切感受到那个拯救孩子生命的婴儿信箱的作用。"看到这些孩子在新的家庭里茁壮成长，我流泪了。""把孩子放进婴儿信箱的父母很过分，但看到这些孩子在爱的呵护中成长，我感到了一种救赎。"

在第二期节目中，我们有幸邀请到是枝裕和导演来到演播室，他拥有大量家庭主题的纪录片和电影的拍摄经验。

"（小翼口中的）'感谢'一词让人感觉格外沉重。听到他说想在类似的机构工作，避免出现更多这样的孩子时，我的心里堵得慌。"

当主持人问道："您如何看待婴儿信箱的这 10 年？"是枝导演高度评价道："它挽救了 130 条生命，我认为这一点意义重大。"

不仅如此，我们还收到了一些和小翼有着同样遭遇的观众的来信，他们表示对小翼的成长经历深有共鸣。

"我也不知道自己的亲生父母是谁，就被收养了。虽然和养父母在一起过得很开心，但在半成人礼（为庆祝儿童满 10 岁而举办的仪式）上讲述自己的成长经历时，真的很痛苦。"

"对于把自己的小时候画下来这一点，深有体会。"

此外，也有许多观众对婴儿信箱的最大特点，即"匿名性"提出质疑——"就算他们的生命得到救赎，但不知道自己的亲生父母，这对孩子的人生而言真的好吗？"

人们对婴儿信箱褒贬不一。

婴儿信箱的另一面

在节目的最后，是枝导演表示："不论是依靠家庭这一共同体，还是地区，如果仅告诉那些孤立无援的母亲'坚强一点'，无法解决任何问题。国家所构想的亲子关系、家庭结构与现实严重脱节。"

现实正如其所言。

那么，我们究竟该怎么做，才能守护孩子的生命与未来呢？接下来，我们将从多角度进行论证。

第一章，主要讲述婴儿信箱的设立历程与实际托管案例。我们将聚焦熊本市那家最先关注儿童生命问题的民营医院，回顾其探讨设立婴儿信箱之初时的各种声音，并介绍孩子们是如何被托管在婴儿信箱中，又是如何被救助的。

第二章，我们将聚焦那些因不愿生育、无力抚养等种种原因，最终选择使用婴儿信箱的母亲。她们之中，有的迫于无奈，有的不经思考、随心所欲……这些五花八门的理由均指向了一点——父亲的存在微乎其微，这也是本章的重点之一。

第三章，我们将结合专家意见，探讨在家庭形式日趋多样化的现代日本社会中，"亲权"与"寄养""收养"等值得我们多加关注的问题。

第四章，我们将对比德国在建立面向母婴的全社会救助机制中的摸索与脱离现实的日本制度，并进行探讨。

终章，我们将解读熊本市发布的婴儿信箱设立10年后的评估报告，重新审视婴儿信箱存在的意义，并思考如何构建一个没有婴儿信箱的世界。

此外，本书由三人执笔。其中，山室桃负责序章、第一章及终章；熊谷百合子负责第二章、第三章；第四章主要由竹内春香执笔。

为何抛弃自己的孩子？

为了找到答案，我们的采访仍在继续。

第一章

生命被如此抛弃，
又被如此拯救

一个名为"婴儿信箱"的设施

慈惠医院是一家以妇产科为主的综合医疗机构，长年为当地居民提供医疗服务。

该医院的理事长莲田太二先生于 2006 年 11 月，即启用婴儿信箱的半年前，向社会公布了关于设立婴儿信箱的计划，这在日本国内尚属首次。众多媒体纷纷报道了这一全新尝试，引起了人们的广泛关注。

而莲田先生此举的关键推动力，是一项在德国业已实行的机制。

2000 年，德国教会组织和民间福利组织开始携手设立"Babyklappe",该词可译为"婴儿保护舱"。打开婴儿保护舱的门,会发现里面放着一张小床,被托管的孩子将得到保护。

与日本一样,德国设立婴儿保护舱也是由于屡屡发生的弃婴事件。作为一项"紧急避难措施",婴儿保护舱可匿名接收那些父母无力抚养的婴儿,其规模逐步扩大至德国全境。如今,德国已有近一百处婴儿保护舱。

婴儿信箱的灵感来源——德国的庇护设施

柏木恭典先生供图

计划在日本建立类似设施的莲田先生远赴德国，对婴儿保护舱进行了考察。考察团成员除医院的相关人员外，还包括在孕妇咨询窗口等从事母婴救助支援工作的日本非营利组织职员。其后，该团队还制作了一则短片，以向日本广泛宣传德国拯救儿童生命的相关机制。

由于婴儿的放置口如同信箱的投递口，短片被命名为"婴儿信箱——德国与日本的机制"，"婴儿信箱"一词由此成为固定说法，其后，也被媒体广泛使用。

虽然当时莲田先生本人也使用了"婴儿信箱"这一表述，但之后他便意识到孩子并非物品。因此，用"婴儿信箱"来形容放置婴儿的地方并不妥当。对此，他在正式启用婴儿信箱前，单独宣布了"鹳鸟摇篮"这一名称。

在安徒生的童话中，鹳鸟能将婴儿送到没有孩子的女性身边。"鹳鸟摇篮"的灵感也正源于此，它包含了人们对母婴幸福的美好祝愿。

虽然自设立之初，就有人对"婴儿信箱"一词提出批判，但时至今日这一说法仍被媒体等广泛使用。对此，为婴儿信箱出具定期评估报告[1] 的"鹳鸟摇篮专家委员会"也在不断呼吁各方审慎使用"婴儿信箱"一词。

本书虽然充分认识到了这一点，但仍采用了大众耳熟能详的说法，还望诸位读者见谅。

民营医院的创举

自宣布设立婴儿信箱的计划以来，其后的半年间，慈惠医院开始正式着手相关筹备工作。然而，这一过程面临重重阻碍。例如，针对婴儿信箱最大的特点——"匿名性"，一些人认为，"会助长父母轻率遗弃孩子的风气""剥夺了孩子知道亲生父母的权利"，诸如此类，批判声不绝于耳。

另一方面，院方坚持"挽救孩子生命为第一要务"的理念，反复指出正因为匿名，那些走投无路

1　2007年5月10日至2009年9月30日为评估报告的"第1期"，2009年10月1日至2011年9月30日为"第2期"，2011年10月1日至2014年3月31日为"第3期"，2014年4月1日至2017年3月31日为"第4期"。

的父母才会把自己的孩子放进婴儿信箱。

不仅如此，也有人对其中的合法性提出质疑，认为父母在不告知自身姓名的情况下遗弃孩子涉嫌遗弃罪及虐待儿童。熊本市收到慈惠医院根据医疗法提出的改建医院部分设施的申请后，在向厚生劳动省征求意见的同时，就相关法律解释展开了讨论。

2007 年 4 月，厚生劳动省答复称，"就医疗法而言，没什么问题"，但对运营本身含糊其词。对此，熊本市虽因"无由驳回"对设立婴儿信箱的申请予以批准，却闪烁其词地表示，"只是批准了医疗法层面的设施变更，并未批准设立鹳鸟摇篮"。

如此这般，同年 5 月 10 日，婴儿信箱作为民营医院的一项独立尝试，在模糊的法律定位下拉开了运营的帷幕。

该消息一出，国内外媒体争相报道，这也将人们的视线又一次拉回到婴儿信箱，设立婴儿信箱的意义再次成了人们热议的话题。

时任日本内阁总理大臣安倍晋三发声谴责称，

"父母遗弃自己的孩子，不可原谅。生命来之不易，我们绝不允许匿名遗弃孩子的行为发生"。

即便现在，国家仍鼓励民众在遇到妊娠或育儿方面的问题时，向儿童咨询所等官方窗口求助，对婴儿信箱的态度则一如既往，并不积极。

"致妈妈——我们会保守秘密"

穿过医院后侧对着住宅区的小门，爬过斜坡，便是婴儿信箱设立的隐秘之地。

在这 10 年间，随着医院里一栋栋新楼拔地而起，婴儿信箱在院区内的位置不断变换，但其外观从未改变。

婴儿信箱的门宽 60 厘米、高 50 厘米，门上绘有两只衔篮送子的鹳鸟，门旁是一块牌子和一个对讲机，牌子上用硕大的字写着：

致希望托管宝宝的妈妈：

我们会保守秘密。为了宝宝的幸福，请您在开门前按铃与我们联系。

门边的牌子上写着咨询窗口和儿童咨询所的电话号码

之所以如此设计，是希望这些妈妈在放弃宝宝前，"无论如何，能先进行咨询"。

婴儿信箱的门为双层结构设计，打开外侧的门便能看到一封信。如果不取走这封写给父母的信，便无法打开内侧的门，且门上也写有"请务必看完这封信"。

信中除了"我们随时可以为您提供咨询服务，希望能与我们联系""如果把宝宝放进来后又后悔了，希望能联系我们"等内容，还附有医院的联系方式。

取下信，打开内侧的门后，映入眼帘的是一个保育箱。这是一个特制的保育箱，用于 24 小时保障孩子的安全，内置维持体温处于一定水平的保温设备及氧气吸入器。

不仅如此，保育箱上方还装有监控摄像头。门一旦打开，二楼妇产科的护士站便会响起警报，指示灯随即亮起。门一旦关上，便会自动上锁，从而无法再次从外侧打开。

护士站的护士听到警报声后，便能看到监控画面中出现的孩子，并即刻赶往保育箱以保障孩子安全。如果走紧急旋梯，不到一分钟便可从二楼来到保育箱。到达后，护士将立即用听诊器确认婴儿的心跳和呼吸，以诊断其身体状况是否出现异常，同时联系医生。

此外，为了记录孩子身上是否有被虐待的痕迹等，护士还会用相机给孩子拍照，并将孩子转入妇产科病房，为其提供临时庇护。

为身份不明孩子取名的亲人——熊本市市长

随后，这些暂时受到保护的孩子将接受医生的检查和诊断。与此同时，慈惠医院还会向熊本市、儿童咨询所以及警察局申报。如果有涉嫌遗弃罪等事件，警方将出警调查。

按照《儿童福利法》，这些孩子属于"需保护儿童"，将被收进孤儿院或儿童养护机构。其后，由儿童咨询所为其寻找寄养家庭，找到后，将由其养父母接手抚养。

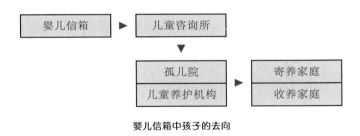

婴儿信箱中孩子的去向

在婴儿信箱设立之初，便有人误以为这些被放进婴儿信箱的孩子将在医院长大，据说医院曾收到民众捐赠的大量尿不湿及其他婴儿用品。然而，婴儿信箱归根结底只是他们的临时庇护所，之后这些孩子依旧会按照以往的机制被视为弃婴，并由孤儿院等机构进行抚养。相关费用则由熊本市，即税收承担。

按照规定，当被遗弃的孩子为姓名、出生地不详且未进行出生登记的"身份不明儿童"时，由孩子发现地的行政长官为其取名，并创建独立户口。因而，熊本市市长自然而然成了为婴儿信箱中孩子取名的责任人。

对于那些随身带有住址或姓名等相关身份信息线索的孩子，熊本市的儿童咨询所将展开调查，在确定孩子身份后，便将孩子移交给其出生登记和居民登记的办理地。其后，由该地区的儿童咨询所将孩子送进孤儿院等机构。

社会对首例婴儿信箱孩子的反响

婴儿信箱投入运营的当天，理事长莲田先生在运营前召开的记者见面会上表明了决心。

"我们希望把'鹳鸟摇篮'打造成苦于妊娠、生产、育儿人群的标志。这个地方是最后的手段，我们本不应使用它。"当被问及预计接收多少孩子时，他答道"每年1个孩子左右"。记者会上，各大媒体蜂拥而至。作为日本的首次尝试，婴儿信箱备受瞩目。

上午召开记者见面会，当天下午婴儿信箱就拉开了运营的帷幕。但是，之后便爆出了一则轰动社会的消息——运营仅3小时后，就有人将一名男童放入婴儿信箱内。

当初，熊本市和慈惠医院以"涉及孩子隐私"为由不愿透露详情，但NHK从知情人的采访中得知，"男童约3到4岁，和一个疑似他爸爸的人从福冈县一起过来"。

这个男童身上并无任何表明身份的物品，也没有被虐待的痕迹，且健康状况良好。但是，对于以新生儿或婴幼儿为对象的慈惠医院而言，这个"首例"着实出乎意料。

国家对首例婴儿信箱孩子的态度

面对婴儿信箱中出现的首例被托管的孩子，国家各部门领导人不约而同地对这个新设施表达了否定的看法。

时任厚生劳动大臣的柳泽伯夫先生在接受媒

体采访时表示，"虽然这个设施是按医院医生的想法建立起来的，但我们绝不容许这种事情发生。不过既然事情已经发生了，儿童咨询所等机构就应该悉心照顾那个孩子"。

此外，时任少子化担当大臣高市早苗女士谴责抛弃孩子的父母，"希望这个男孩的父母提出申请，或者向相关窗口咨询。生儿育女是父母的责任，如果人们忽视这一点，会给我们带来很大的困扰"。

男童被放入婴儿信箱约一周后，莲田先生才公开承认新闻报道属实，并表示，"这件事给了我很大的冲击，我很震惊"。

婴儿信箱中不断新增的婴儿

在这之后，不断有孩子被放入婴儿信箱，婴儿信箱接收的婴儿数远远超过了医院"每年1个孩子左右"的预期。

虽然在当时，无论熊本县、熊本市还是慈惠医院都未公布婴儿信箱的任何信息。然而，把医院围得水泄不通的媒体记者，还是通过采访相关人员，持续跟踪报道婴儿信箱的最新情况。

运营一个多月后，据 NHK 等媒体报道，婴儿信箱已相继接收了 3 名婴幼儿。且通过采访得知，其中有个孩子身上带有疑似其父母写的信，信上还写有孩子的名字。

时任熊本市某孤儿院院长的甲斐国英先生表示，"我们需要重新探讨今后如何应对这种严峻的亲子环境"。而熊本市也在公布事件信息的基础上，强调中央和地方需要共同思考如何帮助这些走投无路的父母和惨遭遗弃的孩子。

此外，东海大学九州教养教育中心教授山下雅彦先生当时在接受 NHK 采访时指出，应公开这些人使用婴儿信箱背后的种种原因，并表示，"我觉得非常震惊，这么短的时间内就有 3 个孩子被放进婴儿信箱。我们难以判断他们的父母是出于走投无路，还是随意弃养。这需要在一定程度上公开信息并进行求证"。

另一方面，国家的立场则是"若无力抚养，父母去政府的咨询窗口即可"。

高市女士也在记者见面会上再次表示："政府有许多相关政策，一定会提供帮助。我们绝不应对自己的亲生骨肉放任不管。现在有些人一遇到困难，要么把孩子扔了，要么把孩子杀了，只会想到最坏的选择。这是极其异常的现象。"她再次呼吁那些使用婴儿信箱的父母"告知姓名"。

然而，在这之后仍不断有人将孩子放入婴儿信箱内。

2007年8月，一个刚出生1个月左右的男婴被放入婴儿信箱，这也是婴儿信箱接收的第5个孩子。大约两周后，一对疑似其父母的男女来到儿童咨询所，领走了这个孩子。

据说两人不仅有婴儿信箱中留给父母的信，还准确地说出了男婴的特征。因此，儿童咨询所判定他们为孩子的父母，允许他们领走这个孩子。这也是父母在遗弃孩子之后将其重新领回的首个案例。

婴儿信箱启用一年后的评估报告

2007年12月，即设立婴儿信箱的同年，相关部门召开了会议以评估婴儿信箱的使用情况。

熊本县设立的"鹳鸟摇篮评估会议"由儿童福利领域的专家及律师等共8名成员组成，定期召开。会上，专家们就各案例中婴儿信箱的使用是否保障了儿童的人权与生命健康交换意见。

2008年5月20日，启用婴儿信箱一年多后，熊本市首次公布了婴儿信箱的使用人数、所接收孩子的年龄、其父母的居住地等详细信息。当天，熊本市公布了从启用到次年3月的11个月内婴儿信箱接收的儿童人数，为"17人"。

结合其父母留下的信件和医生的诊断结果，这些孩子中，有14名未满月的宝宝，2名年龄在1个月到1岁之间的宝宝，1名年龄在1岁以上的学龄前儿童。

此外，根据医生的诊断，有2个孩子"需要治疗"，但并无受虐待的迹象。

据调查，已知父母等亲属居住地的9名儿童均来自外县，其余8人"身份不明"。

虽然约一半儿童的身份确定，且相关单位与其父母有过接触。但当时，熊本县以"保障孩子隐私"为由，并未公开孩子的身份背景等已知信息。

一年左右的时间里，婴儿信箱接收了来自全国各地的17名婴幼儿。对此，莲田理事长在记者见面会上表示，"'鹳鸟摇篮'作用重大，它让许多人意识到社会上有这样一群深受困扰的母亲"。

此外，时任熊本市市长的幸山政史先生表示，"婴儿信箱拯救了一些生命，实现了设立的初衷。可以看到，婴儿信箱的婴儿来自全国各地，这也反映出有太多人正为怀孕或生产而苦恼"，幸山先生还在记者会上要求国家相关部门强化与妊娠及生产相关的咨询体系。

另一方面，尽管婴儿信箱的使用情况超出了国家预期，但对于医院的这项举措，国家依旧态度消极，不愿牵涉其中。

报告发布后的动向

4个月后，即2008年9月，熊本市公开了17个孩子中身份已确定的10个孩子的家长年龄及其被放入婴儿信箱时的情况等信息。

母亲年龄大多集中在 30—40 岁，占整体的 50%。年龄在 20—30 岁间的占 30%，40—50 岁间和 10—20 岁间的各占 10%。已婚人群与未婚或离异人群各占一半。

此外，报告还显示，在这些母亲中，约 20% 可能是在家中或车中分娩。令人震惊的是，甚至有的孩子父母双方都是外国人，且约一半的孩子家里都有兄弟姐妹。

据报告，许多人曾事先向当地的儿童咨询所求助，也有家庭以"养不起那么多孩子"为由，通过公共机构把其中一个孩子送进孤儿院等机构。

报告发布后，2009 年 3 月，熊本县知事（县长）蒲岛郁夫先生与时任厚生劳动大臣舛添要一先生会面，并要求厚生劳动省就被遗弃儿童数量等实情展开全国性统计调查。

在此基础上，蒲岛先生还向中央提出了 5 条建议，包括增设政府咨询窗口，供在怀孕、生产、育儿方面遇到困难的母亲匿名咨询，强化紧急支援体系等。对此，舛添先生表示，"我们将认真听取意见，并在今后进行探讨"。

当时，莲田理事长在接受 NHK 采访时表示，"最重要的是全社会要认真思考如何让婴儿信箱里的孩子幸福成长。对于这个问题，我们绝不能漠不关心，放任不理"。

转眼间，婴儿信箱开设已将近两年。

婴儿信箱启用两年半后的评估报告

2009 年 11 月，设立婴儿信箱约两年半后，"鹳鸟摇篮评估会议"汇总了截至当年 9 月的婴儿信箱接收详情，公布了"评估会议最终报告"。在这期间，婴儿信箱接收的人数达 51 人。

这份题为"'鹳鸟摇篮'的追问"的报告，首次公布了此前尚未公开的人们使用婴儿信箱的原因。

有一些女性是迫不得已，如生活窘迫的单亲妈妈、意外怀孕的未成年妈妈等。但也不乏有人借"匿名"之便图一己之私，她们在抛弃自己的孩子时没有丝毫的不安与犹豫。

报告中提到最多的原因是"不想给孩子上户口"，其余还有"生活贫困""出轨""未婚"等。

通过和使用者的接触，可以确定的母亲年龄为10—20岁5人，20—30岁21人，30—40岁10人，40—50岁3人。其中，20—30岁人群占整体的40%。

此外，在39个父母居住地已知的案例中，孩子的父母均来自外县市。他们从全国各地或自驾，或乘坐新干线、飞机等交通工具来到慈惠医院。

显然，有人在轻率地使用婴儿信箱

令人意外的是，在"父母背景"这一项中，收入稳定的人员、福利行业专职人员或教育行业相关人员不在少数。

评估会议就婴儿信箱的实际使用情况表示，"其中有一些并非真的走投无路"，并指出一些人使用婴儿信箱是为了免于遗弃罪的追责。

在通过采访了解到的案例中，最让人讶异的莫过于以下这个案例。一对教师双双出轨，女方怀孕并生下孩子。教职工会议上，他们向同事坦白此事，并询问如何处理这个孩子。同事当场提议，"可以把孩子放到婴儿信箱里"，他们便如是照做。

除此之外，设立当初意想不到的案例数不胜数。例如，有的孩子外公外婆是教师，为避免女儿沾上离婚的污点，使用了婴儿信箱以保留体面。有的孩子父母遭遇事故死亡，作为监护人的亲戚为侵吞遗产，把婴儿信箱作为违法犯罪的工具，将孩子放入婴儿信箱，并在其后被逮捕。

对此，评估会议认为，由于孩子的父母或亲戚只会优先考虑自身的幸福和利益，因此匿名性可能会助长这些道德沦丧的行为，并严正指出，"我们无法否认，匿名性可能会降低遗弃孩子的门槛，也会助长遗弃孩子的风气"。

威胁母婴生命的使用案例

据报告，有的母亲在把孩子放入婴儿信箱前从未接受产检，许多人在自己家中或车里分娩。评估报告中，这种没有医生或助产士在场的分娩方式被称为"居家分娩（独自分娩）"，本书将统一采用"独自分娩"的表述。

报告表明，2007 年度独自分娩的案例约占整体的 30%，2008 年度则超过 30%，2009 年度增至近 40%，并指出此举"极其危险"。

不仅如此，有些母亲在独自分娩后，便马不停蹄地千里迢迢来到慈惠医院托管婴儿。也有孩子被放入婴儿信箱时处于体温过低的状态。当时，慈惠医院护士长下圆和子女士表示："我们不断接到一些光着身子的孩子，他们被毛巾包裹着，肚子上还挂着脐带。他们能活着到这里太不容易了。抱着他们，我的手也禁不住颤抖。"

下圆女士也目睹了这样一些女性，尽管分娩后体力尚未恢复，但她们抱着新生儿，独自坐车或乘坐新干线，想方设法来到婴儿信箱。

"我也遇到过一看见我就号啕大哭的女性。我觉得，我要做的不仅是挽救婴儿的生命，还要帮助那些在怀孕后一直焦虑不安、走投无路而来到这里的女性。"

亲生父母不明

当时，婴儿信箱里的 51 个孩子中，父母身份确定的有 39 人，其余 12 个孩子的身份仍是个谜。

关于这一点，报告认为，"我们需要充分考虑一点，那就是如果不知道亲生父母，孩子的生活或人生能否得到保障"，并提出"就孩子的最大利益和出身知情权的角度而言，持续的社会性匿名在原则上是不被认可的"。

但报告同时指出，匿名性具有值得肯定的一面。对于那些因怀孕或生产问题而孤立无援、走投无路的妈妈而言，保障匿名性能让她们更放心地将孩子放入婴儿信箱，以便随后的儿童救助工作。

可以说，婴儿信箱的匿名性兼具两面性。一方面，匿名性让婴儿信箱中孩子的父母和其他亲人"获益"；而另一方面，对婴儿信箱中孩子的未来而言，匿名性则让其"受损"。

报告就以上机制指出，匿名性或将导致人们避开为保障"儿童最大利益"而开设的"面对面咨询窗口"，造成家长"伦理观的倒退"，并呼吁要尽可能"努力取消匿名",表达了持续审慎监督运营的重要性。

婴儿信箱能为孩子的一生负责吗？

慈惠医院在设立婴儿信箱之初，便把保障婴儿信箱中孩子的安全视为重中之重。

下圆女士回忆道："或许我们确实拯救了孩子的生命。但我们是否在真正意义上救了他？我们能为孩子的一生负责吗？……我们每天都会这样一遍又一遍地自问自答。"

下圆女士希望为每个孩子找到父母。因此，每当提示有新的孩子被放入婴儿信箱的警报响起时，她都会冲出护士站，以确认将孩子放入婴儿信箱的人是否仍在附近，从未懈怠片刻。

据说，每当她向杵在紧闭的门旁的女性主动说"没关系，我们可以好好聊聊"时，她们大多会挤牙膏似的向她倾诉。

其中，既有人情绪得以舒缓，说出了自己的真实姓名，也有人逃也似的钻进车中。当下圆女士拼命追赶车子，试图叫停时，却听对方骂骂咧咧地说道："明明听说是匿名的。"

在下圆女士看来，无论什么样的父母，对孩子来说都是父母。"孩子在长大的过程中，一定会在某一刻想知道自己的亲生父母是谁。我们在运营婴儿信箱时应站在孩子的立场上，这一点非常重要。"

匿名性究竟是为了谁？

自婴儿信箱开设以来，原熊本县中央儿童咨询所为被放入婴儿信箱的孩子提供了将近 3 年的庇护。该所的儿童咨询科科长黑田信子女士认为，"匿名性的受益人是孩子父母，绝非孩子"。

黑田女士也隶属于儿童福利司。当时，她的工作内容是接听慈惠医院的电话，并将孩子收入儿童咨询所，为其提供临时庇护。当孩子的亲生父母无力抚养时，将孩子送进孤儿院等机构，或是寻找养父母抚养。同时，她们对身份不明的孩子展开了彻底调查。

黑田女士表示，"我们就像侦探一样拼命寻找和孩子父母相关的线索，无论是和孩子一并放入婴儿信箱的衣服，还是信件，不放过任何细节"。

她们曾凭借医院职工速记的车牌号找到孩子的父母。

在黑田女士接触婴儿信箱的 3 年间，每当有孩子被放入婴儿信箱，她都会赶往医院，她见过所有孩子。

黑田女士始终心情复杂，担心随着孩子们慢慢长大，他们会自责。"为什么自己不知道亲生父母是谁？""为什么不再努力帮忙找找？"

在采访的最后，黑田女士说道："孩子们或许和新的家人过得很幸福。但如果婴儿信箱的孩子如此这般不断增加，这些孩子连自己的亲生父母是谁都不知道，他们能称得上是真正意义的'幸福'吗？我们想至少给他们留下调查的记录，以防未来某一天，孩子突然问道：'我的爸爸妈妈是谁？'"

对国家的建议和诉求

在之前提到的 2009 年报告中，评估会议向慈惠医院和熊本市、熊本县、国家、各地地方政府以及媒体提出了"诉求"。

值得一提的是他们对国家的建议和诉求。评估会议从婴儿信箱和慈惠医院的电话咨询使用情况出发，指出许多女性正独自面对怀孕和分娩的烦恼，并基于孩子对出身的知情权问题，请求中央出台新机制，对女性从怀孕到生产各环节提供支援和紧急救助。评估会议还提出了具体方针，内容如下：

> 要在全国建立一定数量的救助点（供女性怀孕和分娩用的临时庇护所），并以此为中心向外辐射形成救助网。救助点可供匿名咨询，为母婴匿名提供临时紧急庇护，配备可供短期入住的配套设施。其中，由政府支持设在医院的救助点最为理想。此外，关于咨询业务，要将慈惠医院的实践经验作为示范之一，讨论在全国公共咨询机构予以推广。提升公共咨询机构的技能，讨论建立类似国家中心的组织，统

筹开展在怀孕、分娩、母婴庇护等方面的相关合作。（节选）

报告在最后总结道：

鹳鸟摇篮中凸显的问题，向我们抛出了诸多疑问。鹳鸟摇篮变得不可或缺的现实折射出一系列社会问题。随着现代社会"核心家庭"化，"地区社会的纽带日渐薄弱"，仅依靠父母或家人等孩子的骨肉至亲难以担负对孩子的抚养重任，"有孩子的家庭逐渐孤立无援"。且从个人意识来看，在鹳鸟摇篮的一些案例中，仍可窥见"注重体面的社会风气"及以离婚为污点的"扭曲的家族清誉观念"。鹳鸟摇篮的案例折射出社会现实的另一面。同时，它以具象化的形式，展现了现代社会仅凭个人或单个家庭无法承受的育儿压力呈井喷式爆发的现实。活在当下的我们需要携手全社会认真对待这一问题。愿在社会共同努力下，所有孩

子的福利将得到保障。（节选）

在全国开设咨询窗口

汇总该报告的是评估会议主席、淑德大学教授柏女灵峰先生。他在公布报告的记者见面会上表示，人们出于各种目的使用婴儿信箱。甚至有些人三观不正、道德败坏，说得难听一点，她们就是"想当作无事发生（没生过孩子）"。我们希望通过报告让国家看到社会上有许多因怀孕或育儿而孤立无援的母亲，希望国家能加大力度督促救助政策的实施，柏女灵峰亲手将报告交给了熊本县知事蒲岛郁夫先生。

慈惠医院理事长莲田先生就评估报告表示，"我感到了'鹳鸟摇篮'的意义所在"，并再次强调了匿名接收的重要性。他表示，"如果不是匿名，人们不会把孩子带到这里。确保孩子的生命安全是重中之重，不能取消匿名"。

另一方面，对于评估会议向国家提出的关于设立临时母婴匿名紧急庇护所的建议，莲田理事长对该诉求予以支持，他表示，"一家医院的能力有限，有必要在全国范围开设咨询窗口"。

一如既往小心谨慎的政府

熊本县知事蒲岛郁夫和熊本市市长幸山政史意识到评估报告内容的严重性，迅速采取了行动。

二人向当时的执政党——民主党汇报了报告所揭露的现实，并请求政府继续为在怀孕和分娩问题上遭遇困难的女性提供救助，设立临时庇护所。

收到上述诉求后，时任民主党副干事长阿久津幸彦表示，"国家会予以重视并加以解决"。

不仅如此，二人还动身前往厚生劳动省，直接表达了诉求。

对此，时任厚生劳动省政务官山井和则先生答复道，"关于完善咨询体制等相关事宜，我们将在今后进一步探讨"。

此外，虽然二人提出希望由国家主导婴儿信箱的评估工作，但山井先生仍然保持谨慎，他表示，"我们很难积极介入其中"，并未给出积极回应。

威胁生命的独自分娩

评估会议和慈惠医院强烈要求"建立应急设施",是由于在使用婴儿信箱的案例中,接二连三地出现了分娩时无助产士等陪产的独自分娩情形。

2009年的评估报告公布后,婴儿信箱的评估工作由政令指定城市——熊本市设立的"鹳鸟摇篮专家委员会"负责。该组织由新成员构成,致力于以更具体、更生动的方式向社会通报婴儿信箱的使用情况,为社会敲响警钟。

婴儿信箱使用者中选择独自分娩的人如此之多,正是因为她们并未意识到该行为的危险性。

该组织的成员之一,熊本大学医学部附属医院的儿科医生三渊浩先生提出忠告,"在众多使用婴儿信箱的案例中,孩子或母亲随时都有可能死在来熊本的路上。婴儿信箱绝对称不上是一个安全、让人放心的地方"。

在婴儿信箱设立之初,便有人提出对刚分娩的产妇和新生儿安全的担忧,部门会议也要求慈惠医院向外界充分告知上述风险。

然而，被托付给婴儿信箱的孩子中，需要立即治疗的依旧存在，且数量急剧增加。

女性强忍剧痛在家中或宾馆、车里分娩。她们用剪刀剪断脐带，并用橡皮筋或绳子结扎。一些孩子在被放入婴儿信箱时，处于极度危险的状态。他们有的脐带化脓，有的身患多血症，有的体温过低，有的是早产儿……

三渊医生表示："即便在医疗机构生产，10 个新生儿中也会有 1 个需要某些治疗。100 个里有 1 个需要心肺复苏。这种情况下，如果不进行恰当的治疗，婴儿就会无法呼吸，面临极高的死亡风险。在医院生产都面临这种风险，更何况独自分娩。"

把孩子放入婴儿信箱中，孩子就能得救吗？答案是否定的。

儿科医生三渊先生也曾治疗过婴儿信箱中的孩子。他曾目睹一名新生儿因未接受任何治疗而奄奄一息，这也让他的内心始终五味杂陈。

三渊医生表示："设立婴儿信箱的初衷原是'拯救孩子的生命'，但现在反而将一些孩子置于危险之中。如果放任这个问题不顾，继续运营，这样真的好吗？"

独自分娩的案例

专家委员会指出，这些独自分娩事件的背后表明在婴儿信箱出现之前，针对经济贫困或意外怀孕女性的救助体系等存在各种漏洞，在此基础上，专家委员会公开了慈惠医院和儿童咨询所从婴儿信箱使用人群口中了解到的具体情况。从这些案例中，我们看到了从意外怀孕或避孕失败到独自分娩，以及来到婴儿信箱的一系列过程。

案例 1

案例 1 是一位接受最低生活保障补助的单亲妈妈。她独自抚养与前夫所生的 5 个孩子，并与另一个男人怀了第 6 个孩子。考虑到如果生孩子之事暴露，生活补助就会被取消，因此她便选择在家中分娩。但因经济上无力承担，也无法办理出生手续，她便将孩子放入了婴儿信箱。

案例 2

案例 2 是一位已婚女性。虽然她怀上了第 3 个孩子，但其丈夫坚决反对把孩子生下来。艰难的生活也使他们无力再抚养一个孩子。想到这些，她选择不告诉任何人，在家中生下孩子后，便乘坐新干线来到熊本市，把孩子放入婴儿信箱。丈夫以为妻子已打掉孩子，却不知道妻子已偷偷生下孩子。

案例 3

案例 3 的女性怀了未婚夫的孩子后，未婚夫便人间蒸发了。想到独自一人无力承担抚养费用，她便在家中生下了孩子。上网查询后，她来到婴儿信箱。虽然她几次三番想找父母商量，但最终还是未能开口。

案例 4

案例 4 是一位未成年妈妈，怀孕后便在家中生下孩子。虽然她和家人住在一起，但谁也没发现她怀孕，也没发现她在家中分娩。她便瞒着家人把孩子放入了婴儿信箱。

案例 5

案例 5 也是一位未成年未婚妈妈。孩子的生父不明。虽然她也想过流产，但由于没有钱，只能在家中生下孩子，并在生下孩子的第二天，乘坐新干线来到熊本市，把孩子放入了婴儿信箱。

案例 6

案例 6 的女性在离婚后，未和前夫或家人商量，便在家中生下了第 6 个孩子。住在一起的家人并未发现此事。她曾捂住孩子口鼻想杀死他，但看到孩子痛苦的样子终究不忍。想到把孩子放入婴儿信箱总比杀死他好，她便决定使用婴儿信箱。事后，调查人员发现她之前就将第 5 个孩子放入了婴儿信箱，且其家人并不知道第 5 个孩子的存在。

案例 7

案例 7 是一名未婚女性，因请求男方采取避孕措施被拒而怀孕。她未将此事告诉任何人，独自一人在家里生下了孩子，并把孩子放入婴儿信箱，打算在自己经济能够独立后再把孩子接回去。

案例 8

案例 8 的女性在离婚后发现怀上了和前夫的第 3 个孩子。前夫让她"去打掉"，但她最终未能"流掉"孩子，并在家里分娩。虽然她想自己抚养，但由于经济条件不允许，最后听从了前夫的强烈劝告，将孩子放入了婴儿信箱。

案例 9

案例 9 是一名未婚女性。怀孕后，最初她抱着生下孩子的想法和男方商量，但在商量过程中，双方因是否生下孩子发生争执，最后两人不欢而散。在家里生下孩子一个月后，在复工的前一天，她将孩子放入了婴儿信箱。当时这个孩子的体重仅 4 斤 4 两，明显低于新生儿标准体重。不仅如此，孩子全身冰冷，衣服脏兮兮的，还散发着恶臭。

案例 10

案例 10 的女性事先在网上查询了婴儿信箱的相关信息，在家里生下孩子后，便坐飞机带着刚出生的孩子来到婴儿信箱。

案例 11

案例 11 是一名未成年女性。她在前往婴儿信箱的路上，在车里生下了孩子。当把孩子放入婴儿信箱时，这位妈妈大出血，面临生命危险，但她拒绝就医。最终，在慈惠医院医务人员苦口婆心的劝说下，她同意住院接受治疗。

婴儿信箱中的残障儿童

在被放入婴儿信箱的孩子中，有一成以上是残障儿童。对此，评估报告指出，"这个数量绝不算少"。

据报告，这些孩子的残疾程度不一，有轻度也有重度，且他们大多在医疗机构出生。

前文提到的专家委员会成员三渊浩先生表明了自己的担忧，"我们不知道之前医生的诊断结果，也没有这些孩子的病历记录，在这种情况下开展新的治疗风险巨大。药物是否有副作用？孩子是否有过敏史？如果毫不知情就开展治疗，可能会危及孩子的生命"。

这 10 年间，婴儿信箱接收的一些孩子因身患残疾而找不到愿意收养的家庭，只能一直待在机构。也有一些孩子的父母曾在工作人员的劝说下将孩子接回，但不久便再次将其抛弃。

专家委员会主席、关西大学教授山县文治先生指出，将残障儿童放入婴儿信箱的现象表明，针对这些儿童及其家人的救助体系存在薄弱之处。

"我们可以看到，一些人无法接受孩子的残疾，对育儿感到焦虑。这也说明负责接生和治疗的医疗机构、提供救助的地方政府并未与其父母认真沟通。我们需要重新思考，全社会应该如何帮助残障人士。"

使用婴儿信箱时的安全性和违法性

如前所述，政府批准设立婴儿信箱是由于其安全性有所保障，没有危险，"在医疗法上没有问题"。

然而，长年负责评估婴儿信箱运营情况的专家委员会发现，有的女性本着把孩子放入婴儿信箱的想法，在家中独自分娩；有的远道而来，将孩子和自身性命置于危险之中；有的甚至将残障儿童或需要治疗的孩子放入婴儿信箱……如此种种，乱象丛生。对此，专家委员会指出，"关于人们把孩子放入婴儿信箱时的安全性和违法性，我们需要从法律层面进行整顿"，并明确表示，"我们要重新考虑，是否应该维持原状，继续运营下去"。

此外，山县教授就婴儿信箱与独自分娩的关系表示，"意外怀孕的女性选择独自分娩，并不惜冒着风险，长途跋涉来到熊本，把孩子放入婴儿信箱，这几乎已成为一套固定模式。我们无法否认，婴儿信箱的存在可能引发女性采取独自分娩并把孩子放入婴儿信箱等一系列危险行为"。

保护母体的重要性

婴儿信箱设立 7 年后，媒体报道中已鲜少出现相关新闻，公众也逐渐不再关注此事。然而就在

2014年10月，突然曝出婴儿信箱中惊现被遗弃的新生儿尸体。详情我们将在第二章中介绍。

翌日，一名31岁的母亲因涉嫌遗弃尸体被逮捕。据悉，她在家中独自产下死婴，将其放入婴儿信箱后便转身离开。

面对警方的审讯，她表示，"我当时想着只要把孩子放进去，孩子就会得到妥善安置"。最终，她被判处有期徒刑一年，缓期执行。

事实上，这名母亲的头胎是剖宫产，而这类人群如果在之后生孩子时选择自然分娩，将面临巨大风险，严重时甚至会因子宫破裂等引起大出血。

专家委员会指出，"如果这位女性接受定期产检，在医疗机构分娩，孩子可能就不会死亡"，并希望"政府和医疗机构携手向全社会普及'零产检'分娩与独自分娩的风险"，避免悲剧重演。

媒体也大幅报道了此事。

出人意料的事件再次发生

在采访中，我们又了解到一起出人意料的事件。

曾有人把裹着毛巾的新生儿直接放在了婴儿信箱的门下，而非婴儿信箱里。虽然就在近处，但显然是将其遗弃在了屋外，此举或涉嫌遗弃罪。

　　当时，慈惠医院接到了疑似婴儿母亲打来的电话。"我养不了孩子，就把他放在了门外。"对方说完后便挂断了电话。接电话的医务人员立即为孩子提供了庇护。

　　其后，警方查明了这位母亲的身份。警方随即审讯后表示，"因其放下孩子后立马联系了医院，孩子的安全得到保障，因此并不构成遗弃罪"，并未将其逮捕。

　　专家委员会对此事予以高度重视，并公开了此事。

　　据悉，这位母亲在户外铺上毛巾和报纸，独自就地分娩。其后，她乘坐新干线来到慈惠医院，因不知如何开门，便把孩子放在了地上。

　　户外独自分娩后长途跋涉，加之将新生儿遗弃在户外，对于这些危险重重的行为，专家委员会表示："此次事件也反映了一个问题：对于处境艰难的母亲，我们该如何建立起她们与儿童咨询所或当地政府部门之间的联系，如何商讨对策呢？"

接受采访的相关人员表示："如果这次的事件不判罪，那么以后就算把宝宝放在路边，只要他的父母打电话给附近的警察局说一声'把宝宝放在路边了'，是不是也完全没问题呢？可以说开了这个先例后，会有越来越多类似的事件发生。"

远渡重洋的孩子

出人意料的事件，远不止此。

曾有人从其他国家来到日本，把孩子放入婴儿信箱。2016 年 7 月，专家委员会和慈惠医院公布了首例海外人士使用婴儿信箱的案例，但并未公布其国别等详细信息。

与此同时，专家委员会认为，仅凭地方政府的一己之力难以应对此类情况，并表示"需要国家的协助"，呼吁厚生劳动省出面与孩子的来源国协调等。

在我们跟进该事件的采访过程中，孩子身患慢性病的事实及其父母的身份、国籍逐渐浮出水面。孩子被放入婴儿信箱后，便在机构生活。由于其父母均已回国，为将孩子遣送回国，日本的相关机构采取了积极行动。

相关人员甚至曾试图联系该国驻日领事馆。当他们直接在电话中向领事说明情况，并询问如何将孩子遣送回国时，该国领事坦言自己也正为此事发愁。

"孩子的父母拒绝领回孩子。我联系过他们很多次，一直在劝他们。我想把孩子活泼可爱的视频或照片发给他们看。"

此外，据相关人员透露，孩子的父母收入稳定。诚然，特意从国外千里迢迢来到熊本市，也不像是贫困家庭所为。

在孩子国籍确定的情况下，即便其父母拒绝接受孩子，日本也需将孩子遣送回国。

该国领事表示，如果父母不接受孩子，他们考虑把孩子送回国后，暂时将其送进儿童福利机构。

当厚生劳动省的负责人被问及该事件的后续应对方案时，他说道，"这是个案，不便回答"，并表示，"我们会对熊本市提出的问题提供必要的建议，并努力与相关部门协调"。

这个孩子已满两岁。如果让他继续滞留在日本，除了国籍问题，还将面临语言问题以及由谁抚养等各种错综复杂的问题。

仅凭一家民营医院，仅凭熊本市，已无法处理这一"意料之外"的案例。对此，国家将会如何应对呢？详情依旧是一个谜。

不为人知的婴儿信箱百态

婴儿信箱，作为一个拯救孩子生命的地方广为人知。但鲜少有人知道，它也是滋生上述众多问题的温床。评估报告所曝光的所有案例，并非虚构，皆为真实事件。

慈惠医院理事长莲田太二先生的话语再次跃入我们的脑海。"最重要的是全社会要认真思考如何让这些婴儿信箱里的孩子幸福成长。对于这个问题，我们绝不能漠不关心，视而不见。"

虽然置身事外也无可厚非。然而，正是这种漠不关心的做派才让日本社会变得贫瘠。

谁，能拯救这些被大人因一己之私抛弃的孩

子？又将如何拯救呢？

　　我们所面临的问题错综复杂且积弊已久。但作为新闻报道从业人员，我们想首先从准确通报婴儿信箱的现状入手。

第二章

走投无路的女性，
随心所欲的男性

来到婴儿信箱的女性

第一章，我们介绍了婴儿信箱设立的经过、运营开始后的使用情况、专家委员会的观点及国家的回应等内容。在婴儿信箱的使用案例中，既有人因"想留学""想回归职场但找不到育儿所"等，优先考虑个人利益而滥用婴儿信箱，也有人因走投无路而使用它。

接下来，我们将跟随采访中当事人的声音，一起揭开那些对是否生育孩子犹豫不决的女性的所思所行，以及她们在选择使用婴儿信箱之前，究竟经历了怎样的心路历程。

案例 1 **真由美**（20多岁），
意外怀孕后使用婴儿信箱

意外发生

2014 年夏天，我们首次得以采访曾将孩子放入婴儿信箱的当事人。

究竟是出于何种心理带新生儿来到婴儿信箱呢？怀孕期间又是如何度过的呢？现在觉得当初把孩子扔了是一个正确的选择，还是犯了一个无法挽回的错误呢？我们想问的问题堆积如山。

由于采访小组中谁也没有直接与婴儿信箱使用者对话的经历，大家都感到了些许紧张。

距约定的时间大约过去 10 分钟后，一名纤瘦高挑的女性走进了约定的咖啡厅。这个画着淡妆、戴着粗框眼镜的女孩便是真由美（化名）。她对于迟到一事并无歉意，给人的印象就是"时下的女孩"。

从穿着打扮可以看出，她虽然身穿休闲服，但依然注重时尚。时不时露出的笑容，让她充满魅力。谈吐也颇为得体，看上去比实际年龄更成熟。

她真的使用了婴儿信箱吗？在和她的闲聊中，我们完全无法相信这一事实。

她告诉我们，她自幼父母离异，跟着从事个体经营的父亲和奶奶长大。父亲虽然十分固执，但给了她满满的父爱，从未让她因单亲家庭而受丝毫委屈。她也希望早日工作以尽孝。因此，她选择了在专业学校继续攻读，以考取国家资格证书。背井离乡的她在一个小城市租了一间公寓。

这也是她自高中毕业以来，第一次独自生活。打工和学业让她忙得团团转，只能趁着暑假和过年的空档回家住几天。虽然回家成了她为数不多的期待，但由于新干线的票价日渐高涨，一年也只能勉强回去两次。

虽然在学校结交了新朋友，但在陌生的他乡生活还是让她感受到了前所未有的不安。为了排遣寂寞，她与一名刚认识不久的男性发生了关系，造成了意想不到的后果。

怀孕是自作自受

那天，真由美突然发现每个月都很规律的生理期迟迟不来。为了不被学校老师和朋友察觉，她去了隔壁镇上的一家远离学校和出租房的妇产科医院就诊。不祥的预感应验了。当得知自己意外怀孕时，她心想"完了"，顿觉眼前一黑。

她无法将怀孕的事实告诉家人，按父亲的性格他绝不可能原谅自己。她也担心父亲一激动就让她"休学回家"。

她告诉我们，自己已无颜面对父亲。父亲靠着一家小店维持生计，生活并不轻松。尽管如此，父亲还是努力送她走出家乡去远方求学，东拼西凑为她筹措学费。她本想努力读书，将来找份稳定的工作，以早日让父亲放心。但她如今闯下大祸，心里充满了愧疚与自责。

母亲在她很小的时候便一走了之，她也从未想过找母亲商量。虽然父母离婚后，她与已组建新家庭的母亲仍保持定期联系，但她们之间的关系并未亲密到无话不说的地步。

即便在这之前，她也从未想过向母亲倾诉自己的烦恼和焦虑，母亲对她而言无异于陌生人。

她在一开始便斩钉截铁地告诉我们，自己对男方并无感情，"怀上宝宝也是自作自受"。她并不知道对方的联系方式，即便通过仅有的线索或许能与男方取得联系，她也从未想过告诉对方自己怀孕的事实，让他对自己负责或是出钱堕胎。

话虽如此，但作为一个依靠父亲的资助和打工生活的学生，她无论如何也负担不起流产的费用。虽然她特别"想掩盖怀孕"的事实，但由于费用不足，只能一直拖着，眼睁睁地看着时间一天天流逝。

无法逃避的现实

当时正赶上学业和实习的繁忙期，她也得以从怀孕的烦恼中得到些许解脱。

但她并没有一天忘记腹中胎儿的存在。不论是早上起床穿衣，还是洗澡，日渐隆起的小腹都在不断提醒她，这是一个无法逃避的现实。

——接下来，究竟该怎么办呢？

即便她想破了头，仍无法找到突破口。最后，烦恼不堪、不得其解的她甚至日渐忽略了孩子的存在，并错过了人流的最佳时期。

有时，她能感受到轻微的胎动，但她从未对这个小生命的成长感到一丝激动。在错过人流最佳时期后，她的内心也只有一个愿望，那就是"当作没怀过这次孕"。

——我不希望孩子出生。

她一心抱着这样的想法，曾在肚子上放了厚厚的教科书，不停地做仰卧起坐，甚至还用皮带勒紧腰部，故意从出租屋的楼梯上跌落。但事与愿违，肚子里的生命依旧顽强地成长着。

抛弃孩子的决心

一天，真由美突然感到肚子一阵剧痛，并在出租屋的卫生间里产下了一名男婴。虽然在孩子出生之前，她始终不愿承认其存在，但看到孩子的那一刻，她的第一感受是"好可爱"。

她给孩子喂了奶，并把他放进浴缸和自己一起洗澡。白天有课时，她便把刚出生的孩子独自丢在房间里。但因不放心孩子一个人在家，她会趁着午休的间隙回家给孩子喂奶。

遇到反季节高温天气时，由于担心开窗后孩子的哭声会让邻居发现自己怀孕的事实，她便打开空调后再出门。就这样，在孩子出生后的一周时间里，她不辞辛劳地照顾孩子，但兼顾学业和育儿并非易事。

——我没法再继续抚养他了。

真由美很快就感受到自身的极限，并通过网络找到了慈惠医院的官网。不需向任何人表明身份，抛下孩子也不受法律追责。对于从未将孩子的存在告诉任何人的真由美而言，没有比这更理想的去处了。

于是，她便趁着休息日前往熊本市。她打开了婴儿信箱的门，把自己刚出生不久的孩子放入婴儿信箱，一边和他告别，一边关上了门。

其后，真由美通过了国家考试，从专业学校毕业并在自己的家乡找到一份工作。对于利用婴儿信箱抛弃孩子这一选择，她并未感到后悔。

"虽然孩子出生后，我也觉得他很可爱，舍不得抛弃他，但因为不能让周围任何人知道这件事，所以也想过就算随便找个地方把他扔了也不能让别人发现。选择婴儿信箱主要是因为周围没有可以依靠的人。"

案例2　**小舞**（20多岁），
男方让她堕胎，但她选择成为单亲妈妈

不愿被人知道怀孕的事实

深受意外怀孕之苦的女性中，许多人即便未使用婴儿信箱，但她们的行为与使用婴儿信箱的母亲相差无几。

刚上大学的那年夏天，小舞（化名）意外怀上了男朋友的孩子。她在家中用验孕棒自测后，结果显示阳性。起初她不以为意，心想"大概会打掉"。但当她在妇产科诊所看到 B 超屏幕上显示的

孕囊时，心情发生了变化。

"一想到自己的肚子里有一个新生命，就有一种'想生下来'的冲动。"

当时，她已怀孕 5 周。

当她将怀孕一事告诉男朋友时，对方当即回道，"会打掉的吧"。

小舞从小和母亲相依为命，她无论如何也无法将怀孕一事告诉不辞辛苦供自己读到大学的母亲。其后，她未去产检，也未申领《母婴手册》。

肚子一天天大了起来。虽然她也开始感受到胎动，但一想到这个意外来到世上的孩子，心中便内疚不已。自己是否能瞒着母亲，独自把孩子抚养成人？想必生下来后就很难继续上学了吧？带着哺乳期婴儿能找到一份收入稳定的工作吗？这一切的一切，都是她完全无法想象的未来。

与此同时，她也抱着一种说不清从何而来的乐观。生下孩子时自己即将年满 20 岁，她总觉得成为大人后会有办法。

当时她的脑海中只有一个念头，"无论如何，现在不能让周围任何人知道孩子的存在"。抱着这样的想法，她并未向周围的人倾吐烦恼，这样的状态一直持续到怀孕 8 个月。

从出现阵痛到分娩，在这期间，每当遇到不懂的问题，她都会上网收集信息。在这一过程中，一个念头在她的脑海中掠过——婴儿信箱。

第一次向人倾吐烦恼

"我当时觉得，如果在那个开设婴儿信箱的医院，应该就能放心地把孩子生下来。"

小舞在手机上登录了慈惠医院的官网，并了解到该医院全天在线、全年无休提供免费电话咨询。虽然她所在的地区也开设了怀孕和生产问题的咨询窗口，但因担心信息泄露，无论如何也没有开口的勇气。

她之所以决定去慈惠医院咨询，正是看重该医院"可匿名"和"远距离"的特点。在她看来，如果是去远离家乡的熊本生产，也许就可以瞒着母亲把孩子偷偷生下来。

生产在即的小舞因找到了可咨询的对象，心中的焦虑得到了些许缓解。在这之前，她一心只想瞒着所有人独自抚养，而现在她终于有时间静下心来思考，对即将出生的孩子而言，怎么做才能给他最大的幸福。

"如果没有遇到慈惠医院，我可能会把孩子扔了。可能真的就把他扔在哪个地方，一走了之。"

然而，她最终选择独自抚养孩子。孩子出生后，小舞第一次告诉母亲怀孕的事实。母亲虽然一脸震惊，但还是支持小舞的决定，并祝福她。现在，小舞在母亲的帮助下，以一个单亲妈妈的身份承担起了育儿的重任。

即便如此，直到现在，后悔的心情仍不时在小舞的内心掠过。

"本来我理想中的样子是夫妻恩爱，亲子和睦，但现在自己一个人抚养孩子。我感觉很对不起孩子，说实话对自己也没什么信心。本想让孩子在周围人的祝福中来到这个世界，但我没能做到。一想到这，我就觉得自己真是罪大恶极……如果把孩子放入婴儿信箱，被好心人收养，可能孩子会过得更幸福吧。我也不知道我这样的母亲是否合格。"

案例3 文乃（20多岁），
因男方拒绝生下孩子，最终使用婴儿信箱

怀孕的喜悦转瞬即逝

"如果没有婴儿信箱，现在不知道会变得怎么样。也许就像新闻里说的，会把孩子遗弃了吧……"

面对我们的采访，文乃（化名）在摄像机镜头前轻描淡写地答道。但我们仍能察觉她的声音在某一瞬间微微颤抖。她放在膝上的双手交叠紧握，指尖微微泛红。

在高中时，文乃便知道了婴儿信箱。当时，报纸和杂志上铺天盖地都是关于是否设立婴儿信箱的言论。作为旁观者的她从未想过日后自己会成为当事人。

直到怀孕两个月时，她才发现自己的身体出现了一些变化。腹中胎儿的父亲是一位年长于她的男

性，两人交往将近一年。当她去妇产科检查，确诊怀孕时，感到"发自内心的喜悦"。

男方虽工作调动频繁，但收入还算稳定。依靠打工为生的文乃满心憧憬着与这个男人结婚，并确信对方也抱有同样的想法。然而，确诊怀孕后，她便得知男方脚踏数条船。

冷漠至极的男人

"希望你能把孩子打掉。"那个男人对她说道。

她开始考虑流产。一想到自己可能会按他所希望的那样，选择流产，她便无意领取《母婴手册》。而且，除了为确认是否怀孕去了一趟妇产科外，她就再未接受产检。

对于这个既不为自己怀孕感到高兴，还背叛自己的男人，文乃虽然失望透顶，但并未与其分手。她仍心存一丝幻想，期待着未来某一天，这个男人会对自己说："嫁给我，我们一起把孩子养大吧！"

怀孕 5 个月后，她开始感受到了胎动，对孩子的怜爱也更添一分。但究竟是要生下孩子把他养大，还是将他扼杀在腹中？踌躇不决中她错过了流产的最佳时期。

当她告诉那个男人，"已经没法打掉了，只能生下来"，对方只是冷漠地"哼"了一声。即便她将第一次产检时从妇产科拿到的 B 超单递给那个男人，试图唤起他的兴趣，但其态度并未改变。

除了一个人把孩子带大就别无选择了吗？但文乃靠打工挣的那点可怜的薪水仅能勉强维持自己的生活，她实在没有信心去抚养一个孩子。虽然她也曾想过向住在附近的父母求助，但始终未能开口。那个严厉的父亲绝不会原谅她未婚生子。她也想过只告诉母亲一人，但她已经能想象到胆小怕事的母亲听到后泪眼模糊的样子，因此最终还是未能踏出这一步。

走投无路，最后的救命稻草

无法向周围任何人倾诉烦恼的文乃，在日复一日中愈发感到孤独。对她而言，高中时从新闻报道中了解到的婴儿信箱成了最后的救命稻草。

——那里可以托管孩子。

抱着这样的想法，她在怀孕 6 个半月时，第一次拨打了慈惠医院的电话。

接通后，她并未透露自己的姓名，只是说道，"我现在已经没法'流掉'孩子，我想把他放进婴儿信箱"。接到这通匿名电话的医院护士对此给予了温柔的回应，这也让起初战战兢兢的文乃鼓起勇气将自己所有的烦恼一吐为快：没有另一半支持，仅靠自己无力承担抚养孩子的费用；害怕被周围人发现，就连父母也没告诉等。她甚至将自己因想流产而未领取《母婴手册》、未接受产检之事也和盘托出。

对此，医院护士建议道，"生下来后，如果无论如何也无力抚养，可以通过特殊收养制度，将孩子交给新家庭抚养"，并在最后嘱咐道，"今后我们也要定期保持联系哦"，便结束了通话。

这通电话就像穿透茫茫黑夜的一束光。但是，之后文乃再未打过电话，她担心如果继续交流，慈惠医院会将自己怀孕的秘密泄露给家人。

即便生产在即，文乃仍对男方转变态度心存幻想，因此她也无法下定决心利用特殊收养制度，将孩子交给新家庭抚养。

死心与决定

文乃的肚子一天天大了起来，但她仍定期和住在附近的父母见面。虽然文乃的父亲察觉到了女儿体型的变化，但被文乃以"最近压力太大，吃太多变胖了"为由搪塞过去。

父亲怀疑的目光引起了文乃的警惕，她渐渐感到频繁与父母见面风险过高，便以"打工忙不过来"为由避免和家人待在一起。而事实上，妊娠反应带来的恶心乏力，也让她逐渐对打工感到吃力。文乃在怀孕近 8 个月时频繁请假，也因此被老板无情解雇。

文乃的肚子越来越大，但那个男人仍旧不为所动，这也让文乃逐渐死心。既得不到另一半的理解和支持，又丢了工作，眼看着抚养孩子的幻想化为泡影，生产在即的文乃瞒着所有人做了一个决定。

——去熊本，把孩子放进婴儿信箱！

临产的危险行为

距预产期只有 4 天时，文乃带着身上仅有的 10 万日元 [1] 前往当地机场。此行的目的地是熊本市。她计划在慈惠医院附近的闹市区找一家商务宾馆落脚，瞒着所有人生下孩子后，趁人少的时间段把孩子放进婴儿信箱。

她担心，如果在老家生产，可能需要医生的同意书才能带新生儿乘机。而事实上，日本国内航班规定，未满 8 天的新生儿不可乘机，但出生 8 天后，即便没有同意书等材料也可乘机。孕妇如果在预产期前的 8—28 天乘机，需向航空公司出具医生的诊断书，诊断书上需写明"即便乘坐飞机对健康也并无影响"之类的内容。如果乘机日期距预产期不足 7 天，则在提供诊断书的基础上，还需医生陪同乘机。

自从怀孕两个月时去过一次妇产科后，文乃就

1　[译注] 约合 0.6 万元人民币。日元汇率每天都在浮动，一般而言 1 日元约折合人民币 0.06 元。

再未接受产检。因此，她无法让医生开具诊断书，更不可能让医生陪同乘机。

距预产期已不到 7 天，虽然按规定文乃已无法乘机，但她仍侥幸地认为只要自己一口咬定"还没到预产期"，总会有办法。她一路上胆战心惊，担心在出发层入口或登机口被机场工作人员阻止，但现实是她并未受到任何盘问，顺利地登上了飞机。

在宾馆中羊水破裂

在飞机上，文乃抚摸着隆起的腹部，思绪万千。

"当时我想了很多很多。我又想呵护他、守护他，又觉得最后还是会把他扔了，不知道孩子会怎么想呢？可能还是像那个男人说的那样把孩子打掉会更好吧。"

即便如此，她仍不断告诉自己，除此之外无路可走。

下飞机后，她转乘高速大巴来到熊本。虽然这是她第一次来到熊本，但游兴全无。在熊本的日子里，她一心只盼望阵痛早点到来，每天仅在宾馆周边不停散步。在这里她举目无亲，也正因如此，她不用担心自己的秘密会被任何人发现。在这里，她可以昂首挺胸地在街上行走。

身上的钱有限，孩子却迟迟未出生，这让她感到万分焦虑。因为未接受产检，她也担心孩子能否顺利出生。手足无措的她只能通过不停的行走来转移注意力，被焦虑裹挟的心灵也在闹市区的喧嚣中得到了片刻喘息。

然而，入住宾馆已3天，阵痛仍未开始。眼看钱包渐空，正当她犹豫着是否放弃此行打道回府时，第4天早晨，她终于迎来了期待已久的阵痛。她打电话向前台申请续住一天。挂断电话后，阵痛逐渐变得剧烈。当时她想着只要能熬过阵痛，总会有办法。

她将事先准备好的浴巾铺在床上，便安静待产。然而，胎膜破裂30分钟后，宝宝仍未出生，而且胎膜破裂后，她完全无法感受到胎动。

——可能孩子因为缺氧，死在了肚子里。

文乃不由地开始担心，匆忙拨通了慈惠医院的电话。她强忍着剧痛，惊慌失措地向医院讲述自身情况，甚至连她自己也不清楚自己在说些什么。

"我本想生下孩子后，把他放进婴儿信箱里。但羊水在宾馆就破了。我现在去可以吗？"

得到肯定的答复后，她便打车赶往医院，仅仅过了 10 分钟左右，一个活力满满的小宝宝就呱呱坠地了。

危险的分娩

出生的是个男孩。然而，直到生下孩子的那一刻，文乃仍未意识到独自分娩的风险。她告诉我们："当时我脑子里只想着一件事，就是把孩子放进婴儿信箱。我已经没有精力去想孩子能否平安出生，会不会有残疾，或者孩子如果夭折该怎么办。当时因为羊水破了后孩子一直不出来，我太担心了才赶去医院。如果就这样自己在宾馆里生孩子，后果真的难以想象……幸好我选择了婴儿信箱。"

然而，生下孩子后，她便从护士口中得知，"如果再晚来一步，你和孩子都岌岌可危"，这时她才意识到自己的行为多么危险。隔着新生儿室的玻璃，她向这个刚出生还在熟睡中的小生命说了声"对不起"。

"宝贝，谢谢你活力满满地来到这个世界，对不起，让你害怕了。"说完文乃不禁潸然泪下。

从未紧紧拥抱过自己的孩子

她之所以潸然泪下，还有一个原因——接下来，她将放弃这个冒着生命危险生下来的孩子。慈惠医院也尊重文乃"想要抛下孩子"的决定，并有条不紊地为明天将孩子转交给新家庭做准备。

一想到从明天开始，孩子就要离开自己去远方，文乃的内心开始动摇。虽然在生产前，她也想过如果条件允许自己将抚养孩子。看到平安出生的新生命后，这一想法变得愈加强烈。

那天夜里，抱着最后一丝幻想，文乃拨通了那个男人的电话。

"孩子平安出生了。"

然而，电话那头只传来一句"是吗"。即便她将独自来熊本的经历、孩子的养父母已确定的消息告诉那个男人，对方仍旧只有一句"是吗"，对徘徊在生死线上生下孩子的文乃并没有一丁点慰问。

"电话里聊了以后，我才知道孩子对他来说确实不重要。不过可能也是因为他没有直接见到孩子，不知道那种感觉吧，我觉得……"

文乃希望和孩子的父亲，也就是那个男人共同抚养孩子的愿望，直到最后，也未能实现。

由于文乃在分娩时便已决定采取特殊收养制度，因此她并未抱过自己的孩子。也许只要抱过一次，她就会母爱泛滥而犹豫不决吧？她唯一能做的，就是在医院的走廊上，隔着窗玻璃静静地望着在新生儿室酣睡的小宝宝。

被托付给新家庭的生命

文乃身上的钱终究不足以支付生产所需的全部费用。因此，孩子的养父母为其支付了剩余的部分。

此前，文乃对那个男人始终抱有一丝幻想，现在她终于意识到这种幻想是如此虚无缥缈。对她而言，如今只有一个选择，那就是特殊收养制度。就这样，这个刚出生的小生命被托付给了新的家庭。

产后，文乃接受了妇产科护士的产后护理。她从护士口中得知，孩子的养父母是一对夫妻，他们虽然长期接受不孕不育治疗，但依旧无法生育。

在设立婴儿信箱之初，慈惠医院便收到了全国各地众多夫妇的咨询。他们均为特殊收养的意向者，均"愿意把那些亲生父母无力抚养的孩子当作自己的孩子来抚养"。在与慈惠医院合作的民间中介机构的努力下，一些被亲生父母因出轨、性侵、未成年怀孕等种种原因放弃的小生命找到了新的归宿。收养这些孩子的夫妇已下定决心，不论孩子是男孩或是女孩、健康或是疾病、健全或是残疾，都将其视如己出。

在收养孩子时，和文乃建立特殊收养关系的这对夫妇同样抱着坚定的信念——无论孩子有任何问题，都将呵护他健康平安成长。

——这孩子跟着想要宝宝的新爸爸妈妈生活肯定会更幸福。我身边没有一个人希望他出生，最后还是瞒着父母生下了他，跟着我这样的妈妈也不会幸福，再加上捉襟见肘的经济情况，所以我觉得现在这样也挺好的。

通过和医务人员一次又一次的谈话，加之不断告诉自己选择无误，她渐渐开始释怀。

医院的工作人员鼓励她道，"希望经历这次痛苦后，你以后能过上幸福的生活"。

在家乡开始新生活

生下孩子一周多后，文乃回到家乡，开始了新生活。她始终铭记着离开熊本时护士所说的话，并开始以一种积极的心态面对生活。

她在招聘广告上找到了新的兼职，时隔数月又再次有了收入来源，曾经避而不见的父母，如今也能坦然地与他们见面。

虽然她无法原谅那个不承认孩子的男人，但她仍将其视为唯一的依靠，无法释怀。

"可能很大一部分原因在于，在我心里，他还是比孩子更重要吧。但说实话，我很希望他能阻止我抛弃孩子。"

不愿再经历这样的痛苦，不能再让无辜的孩子受到牵连，文乃的这一想法愈发强烈。

对孩子的思念与日俱增

距文乃抛弃孩子已时隔数年，医院虽然并未透露与她建立特殊收养关系的夫妇的个人信息和详细住址等，但工作人员告诉文乃，孩子在新爸爸妈妈的呵护下茁壮成长。

即便如此，文乃依然不停地问自己，当初的选择是否正确？

"这是我强忍剧痛生下的孩子，如果条件允许希望能自己抚养。"随着时光流逝，文乃对孩子的思念却不减反增。

文乃手机里存着一张当时隔着新生儿室玻璃拍下的照片。照片中是她裹在襁褓中的孩子。这张照片她已不知看了多少遍。虽然她深知遗忘才能让自己释然，但在街上看到年龄相仿的孩子时，总会不自觉地在他们身上寻找自己孩子的影子。"那个孩子，现在会在干什么呢？"每每沉浸其中，文乃便无法自拔。他会说话了吗？能绕着公园跑跑闹闹了吗？新的爸爸妈妈给他取了什么名字呢？

文乃越是思考这些问题，对孩子的思念便愈加强烈。

她也曾因无法抑制想看一眼孩子的心情，一时冲动，千里迢迢来到熊本，想着再去一趟医院，就能获取与孩子有关的线索。但她也心知肚明，作为孩子的生母，一旦特殊收养关系在获得自己的许可成立后，任何努力都将于事无补。

重访熊本远比她想象中痛苦。当她终于意识到自己的所作所为不过是徒劳的挣扎后，便放弃了去医院的计划，离开了这座城市。

即便如此，盼望见到孩子的心情却日渐强烈。虽然她深知，纵然沉溺过去也无法挽回时间，亦无法见到孩子。但也正因如此，她的心情日益急切。

她一直期待未来某一天，如果能再见到儿子，想亲自确认他过得是否幸福。想向他道歉，虽然明知自己无力抚养，却自私地打扰他，想亲口对他说"谢谢你来到这个世上"。虽然她明白这是痴心妄想，但仍祈祷着某一天能以孩子母亲的身份和他共同生活。

案例4 出轨男子使用婴儿信箱，女子携女儿自杀身亡

被带走的小女孩

曾有孩子被放入婴儿信箱，却无法获得救助。

2012 年春，在九州南部的山上一辆停着的小轿车里，有人发现了一大一小两具女尸。经检验，死者为一名 34 岁的成年女性和一名 2 岁的女童，两人系母女关系。负责搜救的警察从车内尚未燃尽的蜂窝煤推测两人死于一氧化碳中毒，并判断此为一起携女自杀事件。

据调查，女童父亲具有极高的社会地位。因其有家室，女子选择做一个单亲妈妈独自抚养孩子。据说当女子决定生下孩子时，男方曾表示愿为她付出一切。

"到时候，我会离开家，和你们开始新生活。"

对男方的甜言蜜语深信不疑的女子决定好好爱护腹中的孩子。

然而，幸福的生活在她生下孩子一年多后便戛然而止。男方趁其出门，带走了孩子，从此杳无音信。他将孩子带到设置了婴儿信箱的慈惠医院。作为一名公司高管，对他而言，出轨甚至和第三者有了私生子的事实，绝不能被公之于众。

他也没有勇气向陪伴多年的妻子坦白自己忘恩负义的行为，并开始意识到自己已无法继续和女子交往，也不再希望和女子组建家庭。心思的改变最终演变为"让这个孩子消失"这一自私的想法。最终，他决定瞒着女子把孩子放进婴儿信箱。

接到医院通知后，女子立即赶往熊本。当她见到自己年幼的孩子时，顿时泪流满面，不停地重复着"对不起"。

当时的她，该是怎样的心情呢？

想必百感交集吧？有对宝贝女儿被扔在婴儿信箱中的悔恨，对试图抹消孩子存在的男方的失望，也有对那个轻信男人花言巧语的自己的愤怒。

被交还给母亲的女童

该案例被列为使用婴儿信箱的案例之一。按照惯例，熊本的儿童咨询所应将该案移交女子居住地的儿童咨询所处理，并将女童移交给当地孤儿院照顾。

由于女子居住地的儿童咨询所拒不承认曾接手该案例，详情无从得知。但据说不久后，女童就被母亲接回抚养。相关人员推测，很可能是因为女子工作稳定，具备抚养孩子的经济条件。孩子被接回后，儿童咨询所是否采取了合理的跟踪帮扶机制，我们不得而知。但据说女子因苦于和男方的不正当关系，逐渐患上了精神疾病。

未能被挽救的生命

这一天，当地一名管理山林的男子偶然目击了疑似母女的两人。该男子称，他在午后进山伐木时注意到，在半山腰的人工广场，罕见地停着一辆小轿车。时值早春，但春寒料峭，荒无人烟的山林中鲜有游客。

"你好！"他试着打了声招呼，只见那位母亲露出了温和的微笑。他在山顶附近砍枝伐叶时，远远听到广场处传来母女哼唱的歌声。

"小女孩可爱的声音响彻山林，听到她们快乐的笑声，我的心情也跟着灿烂起来。"

春日和煦的暖阳下，那个小女孩是怎样的心情，那位母亲又是以何种心情看着自己的孩子呢？

3年后的春天，我们来到了事发地采访。在母女两人度过生命最后一刻的那个广场的角落，盛开着两朵相互依偎的浅紫色小花。

盛开在采访现场的报春紫罗兰

需评估以避免悲剧重演

自婴儿信箱开设之初，慈惠医院原护士长田尻由贵子女士便一直参与运营工作。她从未想到孩子被还给母亲后，母亲会带着孩子自杀，这事让她至今仍痛心不已。

她表示，"好不容易拯救的生命，却因携子自杀被再次剥夺。我们绝不允许这种事件发生。儿童咨询所应在掌握事实的基础上，慎重处理此事"。

为何当时未能阻止此类恶性事件发生？虽然熊本市的专家委员会再三要求对接这对母女的儿童咨询所进行评估，但直到如今，对方依旧无动于衷。

专家委员会主席山县文治先生愤怒地指责当地的儿童咨询所，他认为，如果该咨询所能充分理解这位母亲绝望的心情，本可以避免这一最坏的结果，并对政府的应对措施表示不满。

他表示，"携女自杀身亡可谓'终极虐待'。按照国家的方针政策，负责接手的儿童咨询所应对虐待致死事件进行评估，以免重蹈覆辙，但他们并未对该案进行分析或评估，这无异于失职"。

在孩子身份确定的情况下，熊本市的儿童咨询所会将案例移交给孩子父母或家人居住地的儿童咨询所处理。然而在一些情况下，如将被抛弃的孩子归还其父母时，关于今后具体如何对其开展援助，则交由各儿童咨询所自行判断。这在第三章中我们会再次提及。

但事实上，不论是临时托管孩子的慈惠医院还是熊本市，两方都未了解事件的详细经过，也未跟踪收集使用婴儿信箱的父母和孩子的后续信息，因此，评估工作并未开展。

案例5　将遗体放入婴儿信箱后便一走了之，警方将此作为一起遗弃事件出警调查

婴儿信箱设立以来令人震惊的事件

2014年10月3日，晚上8点29分，婴儿信箱中惊现一具男婴尸体。

那天，医院护士站的助产士和护士听到提示有孩子被放入婴儿信箱的警铃后，便立刻赶往现场。

他们看到，婴儿信箱的小床上放着一个银灰色的包裹。打开后，里面是一个刚出生不久的婴儿。根据婴儿散发的恶臭及身体的腐烂状态，医护人员确认婴儿已死亡。由于婴儿的脐带已被剪断，可推测婴儿是在出生一段时间后被放进婴儿信箱的。

婴儿身上并无被虐待的痕迹。护士们赶紧跑到婴儿信箱外寻找放下孩子的人，但那人早已不见踪影。

这也是自婴儿信箱开设以来，首次有人将死婴放进其中。医院立即报警，警方进行了现场取证，并询问了医院职工事情经过。其中，一位医院员工表示，"曾看见过一个可疑的人"。

据其透露，那天晚上他去医院后门丢垃圾时，与一位抱着一个大包裹的女性擦肩而过。他当时还觉得疑惑，这位女性为何独自走在又黑又没人的地方。当他下班走出医院准备回家时，看到通往婴儿信箱的那条小路旁停着一辆车。那条路极其狭窄，且那个时间点几乎不会有人把车停在那个地方。察觉到异常的他立即记下了车牌号。

锁定丢弃死婴的母亲

根据这位员工记下的车牌号，警方很快锁定了抛弃死婴的嫌疑人。翌日，这位母亲因涉嫌弃尸被警方逮捕。

据悉，犯罪嫌疑人 31 岁，居住在熊本县内。高中毕业后，曾就职于食品制造企业等单位，事发时为无业人员。不仅如此，她还是一位单亲妈妈，带着读小学的孩子和父母共同居住，患有听力障碍。

那年 2 月，她用验孕棒自测后发现怀孕，但她甚至不知道孩子父亲的姓名。

——我无法想象如果未婚生子，父母会怎么说我。

母亲发现她的肚子越来越大后，怀疑她怀孕了，曾劝她去医院检查，她只能谎称"医生说是因为生病"。

由于没钱看妇产科，自发现怀孕以来，她从未去过医院。虽然她暗下决心，一个人把孩子生下来后再和父母商量把孩子养大，但她并未查找关于独自分娩的相关信息。

分娩中死亡的男婴

同年 9 月 30 日清晨，待在自己房间的她有了产兆，她赶紧去浴室，独自产下了一名男婴。但孩子出生时已停止呼吸，并无生命迹象。

——必须把尸体藏起来……

由于害怕被父母发现，她把孩子的尸体抱到家中的车上，并用银灰色的遮阳布包了起来。

其后的解剖结果显示，男婴的死因是生产时头部在产道中受到挤压，造成颅内出血，且由于其肺部并未膨胀，判断其死亡前并无呼吸。

就这样把孩子的尸体藏在车里并非长远之策。生下孩子后第 4 天的夜里，她便开车带着被遮阳布包裹的男婴尸体，前往慈惠医院。

"想要安葬宝宝"

被捕后，面对警方的审讯，她供述称自己将死婴放入婴儿信箱是因为"觉得死去的宝宝很可怜，想着放进婴儿信箱，他们就会好好安葬宝宝"。

她很早以前就知道婴儿信箱。生下孩子不到 4

天，她便拖着产后虚弱的身体来到慈惠医院抛弃死婴。

法院认为，"虽然犯罪嫌疑人做出如此不经思考的举动，应受谴责，但也能感受到她对于遗体的感情"，对其处以有期徒刑 1 年，缓期执行。

下达判决后，法官注视着她的眼睛说道："在今后的生活中，在你的父母和活着的孩子面前，请不要忘记做一名伟大的母亲。"

慈惠医院的理事长莲田太二先生旁听了这次庭审，他表示，"如果她能早点联系我们，本来可以有其他解决办法"。专家委员会针对此事亦"深表遗憾"。

——如果，怀孕的时候告诉父母，可能孩子就不会死了。我本想把他生下来抚养长大。

懊悔不已的她对代理律师说道："出狱后，我想去宝宝的墓前看一看。"

不负责任的男性

在不断推进采访的过程中，男方自私自利的身影屡次闯入我们的视野。在此前介绍的所有女性案例中，我们也可窥见其背后的男性群像。他们普遍并未深刻认识到自己是"女方腹中胎儿的父亲"。

诚然，责任并非全在男性，但无论是怀孕、生产或是育儿，至少不应由一人独自承担。大多数情况下，女性是其中的受害者，她们无法与他人同甘共苦，被迫独自承受。

"情人劝我把孩子放进婴儿信箱里。""老公不肯让我生下孩子。""他强迫我堕胎。""生下孩子后他不肯承认。""怀孕后，他就玩失踪。""他不肯避孕。"如此种种，仅凭女性一己之力，又该如何解决？

最终，一些走投无路的女性选择了婴儿信箱或意欲使用婴儿信箱。对她们而言，婴儿信箱作为一个能托付孩子的地方，是她们最后的救命稻草。

评估报告指出，要让这些缺乏当事人意识的父亲自觉意识到怀孕、生产、育儿是"自身的责任"，并开展相关教育。

第三章

生大于养？养大于生？

与婴儿信箱中女婴的邂逅

"你们能收养孩子吗？"

那一天，40多岁的佐佐木浩辅（化名）与佐佐木美希（化名）夫妇接到了孤儿院打来的电话，询问其是否愿意收养一个1岁的孩子。佐佐木浩辅夫妇曾在儿童咨询所登记了收养意向，两人虽结婚已久，但迟迟未孕。最终，两人通过特殊收养制度收养了一个正在读幼儿园的男孩，并将其视如己出。

当对抚养孩子游刃有余后，夫妻二人在聊天时自然而然地谈道："如果这孩子能有个兄弟姐妹，不知道他会多开心。"

一个休息日的午后，夫妻二人来到了电话中提到的孩子所在的孤儿院。

负责人指着一个在游戏房玩耍的女孩介绍称，孩子名叫明日香（化名，以下称小香香）。负责人对女孩说了声"你好呀"，女孩毫不怯生地露出了惹人怜爱的笑容。她有着一双圆溜溜的眼睛，令人难忘。见到她时，她正跌跌撞撞地追赶着滚落的玩具，煞是可爱。

据儿童咨询所的负责人介绍，小香香出生后不久便被放入了婴儿信箱，至今已过去一年之久，但把小香香放入婴儿信箱的人依旧是个谜。小香香在哪里出生、因何被弃养，详细信息仍无从知晓。

据说当医务人员赶到时，只见一个婴儿被毛巾裹着放在婴儿信箱的床上，身边放着一张写着"明日香"的纸条。由于婴儿身上还挂着脐带，医务人员推测孩子是母亲独自分娩而出生的。

"想给她满满的爱"

佐佐木夫妇全盘接纳了这一切，并下定决心将来在建立特殊收养关系的前提下，收养小香香。二人如此坚定，是因为在见到孩子的第一眼，他们便被那纯真无邪的笑容深深俘获，希望给这个没有任何血缘关系的孩子满满的爱。

在孤儿院生活的小香香，与佐佐木家接触了长达半年之久后，被接到了他们家中，开启了四口之家的生活。对于这个出生不久就离开父母怀抱的孩子，佐佐木夫妇刻意通过拥抱等方式增加与孩子的肢体接触。活泼开朗的小香香不久便适应了新生活，和家里大她很多岁的哥哥也打成了一片。

夫妇二人计划，如果小香香与家里所有人的关系一如既往地融洽，便在小香香上幼儿园时建立特殊收养关系，正式将她作为家庭的一员。

一位产科医生的心愿掀起波澜

1987 年，民法修正案对日本的特殊收养制度进行了调整，旨在优先保障儿童的权益与福利。

此前，日本实施的是一种名为"普通收养"的制度。在这种制度下，户籍上同时登记了孩子养父母与生父母的名字，保留孩子与亲生父母在法律上的关系，而新制度则完全抹消了这一关系。户籍上登记的也并非"养子"，而是"长子""长女"，与亲生子女无异。

推动收养制度作出重大调整的契机则是1973年发生的"菊田医生事件"。

菊田医生指的是在宫城县石卷市经营一家私人医院的妇产科医生菊田升先生。他劝说一位孕妇打消人工流产的念头，并通过一些方法，让其生下的孩子在法律上成为一对渴望孩子的夫妇的亲生子女。

菊田医生明知违法，却仍冒着医师执照被吊销的风险，伪造了出生证明。他的目的只有一个——隐瞒生母的身份，让养父母与生下的孩子在户籍上成为亲子。

产科诊所开设的10年间，菊田医生陆陆续续将100多个生父母出于各种原因无力抚养的孩子送到了一个个渴望孩子的家庭中。十年如一日的坚持源自内心强烈的信念——守护那些本来会因终止妊娠或惨遭弃养而牺牲的小生命。

同时，菊田医生还致力于救治因意外怀孕而走投无路的妈妈、身患不孕不育而无法生育的夫妻。作为一名个体医师，菊田医生的善举当时在社会上掀起了轩然大波。

一心只为守护孩子生命的菊田医生不断呼吁国家完善相关法律法规。相关讨论也以此为契机上升到了国家层面，经过数次讨论，现行的特殊收养制度最终诞生。

成为养父母前的漫漫长路

收养制度虽承认这些夫妇与他们收养的孩子同属"一家人"，但此前该制度往往是为了迎合孩子的养父母，即收养方希望后继有人或老有所养等需要。

特殊收养制度则致力于将那些遭受虐待，或因父母经济困难无法被抚养的孩子托付给新家庭，以让孩子在和谐的家庭中成长。为了防止后续在继承等问题上与亲生父母产生纠纷，该制度完全抹消了孩子与亲生父母的亲子关系。且考虑到收养人不愿让孩子知道自己被收养的事实，新制度下，被收养孩子的户籍登记信息也与亲生子女无异，体现了对孩子及其养父母的制度关怀。

可见，特殊收养是一种贯彻"以孩子为出发点"的制度，并非服务于想要孩子的人群，这一点极其重要。也正因如此，新制度对有意收养孩子者提出了更严格的要求，他们在办理大量的手续后，才能建立收养关系。

特殊收养借鉴了菊田医生此前的模式，即由中间人确认孩子亲生父母的意向，征得其同意后再开展后续工作。如今，承担中间人职能的除了儿童咨询所和民间第三方机构，一部分医疗机构也参与其中。最后，由家庭法院判定关系是否成立。

即使有人希望收养一个孩子作为自己的亲生子女，将其抚养成人，也无法轻易获批。当一对有意收养孩子的夫妇试图通过儿童咨询所建立收养关系时，他们首先需要在地方政府以"收养关系中的养父母"的身份进行登记。在登记时，儿童咨询所将判断这对夫妇是否为收养孩子的合适人选。除单独面谈外，他们还需参加各种研修项目。例如，与已成为养父母的家长进行协作、了解在孤儿院等机构生活的孩子的情况等。

此外，国家规定，有意收养孩子的夫妇至少一方年龄需达到 25 岁以上，收养的孩子原则上年龄不超过 6 岁。

近年来，日本越来越多的地区开始向同性情侣发放"伴侣宣誓书"，承认双方"近似婚姻的关系"。但民法规定收养人需有"配偶"，而同性情侣的婚姻并不被法律认可，因此就目前来看，同性情侣无法通过特殊收养制度成为养父母。

2016 年，大阪市批准了一对男同性恋情侣作为养父母，这在全国尚属首次。不仅如此，围绕同性情侣的婚姻及育儿问题的讨论也在逐步推进，今后的动向引人关注。

然而，即便满足上述条件，接受了必要的研修，并以收养为前提在地方政府以养父母的身份进行登记，也不意味着能立即将孩子带回家中抚养。

例如，当儿童咨询所作为第三方机构时，咨询员将陪同收养人与孤儿院、儿童养护机构的孩子见面，为这些因亲生父母无力抚养而被抛弃的孩子与收养人牵线搭桥。收养人将与孩子接触数周乃至数月之久。

在交流期间，儿童咨询所的工作人员将判断孩子在与养父母相处的过程中身心是否得到慰藉，并在确认其亲生父母意向的基础上，决定是否"委托养育"。

其后，收养人把孩子带回家中共同生活，进入为期 6 个月的"试养期"。其中也不乏一些孩子进入新家庭后，比在机构时更任性，哭闹不止。孩子的这些行为被称为"测试行为"，即他们试图通过一些让父母头疼的言行举止，以确认"这些人是否真的接受了自己，是否真的爱自己"。

可以说这 6 个月不仅是孩子与养父母的磨合期，也让收养人直面自己的选择，认真考虑自己选择成为父母的这一决定。

无法普及的特殊收养

试养期结束后，就进入了收养孩子的准备阶

段。收养人需向家庭法院提出申请，并接受法院的调查，最终由法院给出判定。至此，被收养的孩子才能在户口上被登记为亲生子女，和收养人成为真正意义上的一家人。

此外，如果收养人有需求，相关部门还会提供后续援助。而且各地政策不同，对于何时将事实告诉孩子等这些养父母独有的烦恼，一些地区还开设了咨询窗口提供服务。

虽然在全国范围内，诸如此类以收养为前提的"收养家庭父母"、把孩子接进家里短期生活的"寄养家庭父母"、接收多个孩子的"寄养家庭"数量不断增加[1]，但厚生劳动省 2017 年的数据显示，没有父母的孩子以及因家庭虐待或贫困等原因需要社会养护的孩子约达 45 000 人。

其中，在养父母身边生活的孩子约为 6 500

---

1 ［译注］本书涉及的家庭主要有三类：原生家庭、寄养家庭和收养家庭。寄养是暂时性的，收养则是建立长期稳定的收养关系。其中，收养又分为普通收养和特殊收养两类，普通收养关系中的孩子在户籍上登记为养子或养女；特殊收养关系中的孩子在户籍上登记为长子或长女，视同为收养家庭的亲生子女。

人。从近 5 年的数据来看，全国每年建立的特殊收养关系仅 500 对上下。在福利机构生活的孩子约 3 万人，占整体的 60%，和养父母一起生活的孩子不到 20%。

另一方面，虐待儿童的情况却日渐严峻。

2016 年度，全国儿童咨询所处理的儿童虐待事件高达 122 575 起，创历史新高。不断有孩子被虐待致死，甚至不乏出生不久就死亡的新生儿，引发社会关注。

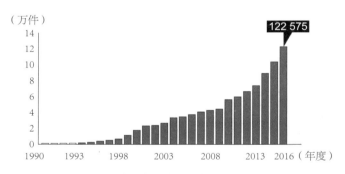

图表 3-1　儿童咨询所受理的虐童事件咨询数及其变化

参考：厚生劳动省主页

此前，儿童咨询所倾向于将屡次遭受家庭虐待的孩子与父母分开，而且为了保护孩子，会将其接到机构中生活。

然而，在这之后，儿童咨询所既未对受虐儿童进行心理健康干预，或对育儿困难的家长提供援助，以让孩子早日回归父母身边，也未致力于打造一个能让孩子尽快融入寄养家庭与收养家庭的环境。这也导致如今在机构生活的孩子不断增加，而能够为孩子提供家庭式成长环境的收养制度则未得到普及。

在机构生活的孩子

据厚生劳动省的调查，截至 2017 年 3 月末，全国各地原则上以 0—2 岁孩子（有时是学龄前儿童）为对象的孤儿院达 138 家；以 3—18 岁孩子为对象的儿童养护机构达 615 所，且两者数量均逐年递增。

调查显示，机构接收的儿童数量已达到其最大接收限度的 70%—80%，在一些地区，许多机构已人满为患。这些儿童入院多因遭父母虐待。受虐儿童在孤儿院中占 40%，在儿童养护机构中占 60%。

这些儿童在机构中平均生活了 5 年。虽然原则上只要被收养人年龄未满 6 岁便能建立特殊收养关系，但机构中仍有不少孩子从婴幼儿期入院，在距今为止的 10 多年间，他们或一直在机构中生活，或往返于父母身边和机构之间。

我曾到熊本县的一家孤儿院采访。房间里放着一张婴儿床，床上一个婴儿正惬意地酣睡着，旁边一个婴儿被工作人员抱在怀里喂奶。在隔壁的房间，几个 1—2 岁的孩子正开心地和工作人员玩耍。

负责人带我们走进了那个房间。一进门，孩子们便立刻向我们飞奔过来。1—2 岁的孩子正到了开始认生的年纪，但这些孩子毫不迟疑地坐到了我们腿上，抚摸我们的脸，仿佛把我们当作了亲密无间的家人。他们的脸上始终挂着无忧无虑的笑容，惹人怜爱。很快，我们便和他们玩成一片，一起度过了愉快的时光。

也有一个孩子不知是否因为见到了陌生的大人，起初默默地躲在房间的角落玩耍，过了一会儿便向我们走来，并握住了我的手。也有一些孩子对我们毫不理睬。

孤儿院的工作人员告诉我们："那些与父母或特定的大人之间缺乏信任关系的孩子，由于内心没有依靠，为了引起他人注意，往往会表现得与他人过分亲密或是变得情绪不稳定，不断逃避。这在那些受过虐待的孩子身上表现得尤为明显。"

这些孩子入院的原因五花八门，有遭父母虐待的，有因家庭贫困的，也有因父母得了精神疾病而无法被抚养的。虽然大多数机构都是由员工轮流抚养孩子，但该机构试图让特定的大人守护孩子的成长，并特意租了一间公寓作为小规模的运营试点。

我们采访的熊本县的另一家儿童养护机构也采取了同样的做法。该机构的 3 名女性员工与一群孩子共同生活在一幢独栋两层楼房中，孩子的年龄从小学到高中不等。每天早晨，孩子们从这个家出发上学，放学回家后，他们像家人一样围成一桌吃饭。上高中的孩子还会给上小学的弟弟妹妹辅导作业，给他们讲故事，和他们一起洗澡。

这些孩子无一例外曾遭父母虐待，出生于贫困家庭。他们已离开父母数年乃至十多年之久，一直在机构中生活。其中，也有一些孩子不久后将被养父母接走。我们感觉这里的每个孩子都在和谐稳定的环境中活泼茁壮地成长。

家里有两个高中生，被上初中和小学的孩子称作"哥哥""姐姐"，他们一边翻着书桌上铺开的习题册，一边对我们说，"想更努力学习，考上大学"。

落后于世界的儿童养护现状

由特定大人来抚养少数儿童的机构正不断增加。2016 年修订的《儿童福利法》也首次明确指出，尽可能在接近家庭的环境中抚养孩子，以便让孩子在婴幼儿时期与特定的大人建立信赖关系，让他们身心健康地成长。

国家计划 7 年内将 3 岁以下孩子的养父母委托率提高至 75%，同时 10 年内实现所有机构的小规模化。此外，国家还提出将特殊收养的获批数倍增至每年 1 000 件，2018 年度起实施对民间养子协调组织的资金援助，同时开始探讨上调原来的"原则上不超过 6 岁"的年龄限制。

这种向家庭式养护转变的背后，是国际社会对日本的批判，在这里许多因受虐等而需要社会养护的孩子被托管在机构，而欧美等发达国家则积极推进以寄养为主的家庭式养护。因此可以说，日本是在寄养、收养方面的后进国，对于这种现状，国际社会的批判之声不绝于耳，他们认为孩子的权益没有受到应有的尊重。

联合国认为"孩子寄养在机构是最后的办法"，并于 2010 年针对"家庭基础型"儿童养护设施不足的现状，对日本进行了严厉批评，指出这是"政策不力"。

在这种背景下，日本政府终于开始尽可能地推进家庭式养护。

然而，亲生父母却心情复杂，百味杂陈。在采访中，一位机构员工对我们坦言："许多亲生父母希望孩子尽可能待在机构，而不是托付给养父母，他们希望能定期和孩子见面，有条件时再把孩子领回家抚养，他们拒绝将孩子托付给养父母。"

要实现国家设定的目标，道阻且长。但是为了让那些曾因虐待而心灵受创的孩子健康幸福地成长，国家应该直面多数孩子所处的现状，全力以赴完成既定的目标。

婴儿信箱中孩子的去向

这一小节我们想给各位读者介绍一下婴儿信箱中孩子的去向。

据专家委员会于 2017 年 7 月公布的报告，婴儿信箱设立后的 10 年间共接收了 130 名孩子。身份确定的 104 名孩子中，截至当年 3 月底，有 25 人被转交给孤儿院等机构，委托给寄养家庭的有 17 人，被原生家庭接回的有 23 人，建立特殊收养关系的有 33 人，"其他"是指被祖父母等血亲领回抚养的情况。

值得我们关注的是，身份不明孩子的收养正被积极推进。通过分析 104 名身份明确孩子和 26 名身份不明孩子的养育情况，我们发现后者的特殊收养率占整体的半数以上。

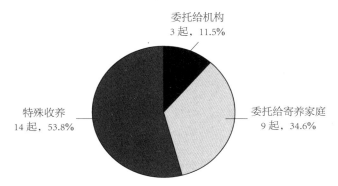

身份不明孩子的养育情况（截至 2017 年 3 月 31 日）

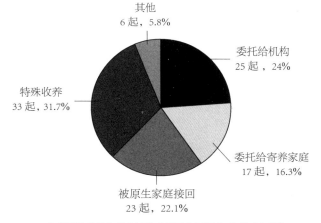

身份明确孩子的养育情况（截至 2017 年 3 月 31 日）

图表 3-2[1]

---

1 ［译注］饼状图各部分比例相加均不足 100% 是四舍五入所致，翻译时依照
　原书数据，未作修改。

我们发现以下去向也开始出现。例如，孩子先从婴儿信箱到机构，之后被托付给寄养家庭，再与养父母组成特殊收养关系。或者是，虽然特殊收养需要繁杂的手续，但即便没有原则上必需的"亲生父母的同意"，为了让孩子能在和谐稳定的环境中健康成长，而将孩子托付给寄养家庭或推动建立收养关系。

突然现身的亲生父母

但是，将身份不明的孩子托付给新家庭的案例中，发生了我们意想不到的事情。

本章开头我们介绍过的收养明日香小朋友的佐佐木夫妇，他们就遇到了棘手的状况。

收养明日香两年多了，夫妻俩虽然因孩子的到来忙碌异常，但每天过得很充实。小香香与年长她不少的哥哥相处得很好，性格活泼的她成了亲戚和邻居的团宠。

到了 3 岁，小香香入园了，她在幼儿园结交了许多新朋友，每天都过得很开心。对佐佐木夫妇而言，小香香就是他们的宝贝女儿。

浩辅和美希是奔着建立特殊收养关系而收养小香香的，在把小宝贝领回家时就下定决心，如果亲子关系一直这么融洽，等到孩子上幼儿园时就去办手续，成为真正的一家人。然而，就在夫妻俩打算办理特殊收养手续的当头，他们收到了一则意想不到的通知。

小香香被放入婴儿信箱时没有任何可以证明她身份的信息，但过了3年，一名自称是小香香生父的男子突然给儿童咨询所打来了电话，该男子在电话中称，"我想要回我的孩子"。儿童咨询所的负责人将此事通过电话告诉了佐佐木夫妇，又说"小香香的收养手续，希望你们能再等等"。

养父母的苦恼

当佐佐木浩辅先生接到儿童咨询所打来的这通电话时，他发现自己的双腿在不住地颤抖。

——小香香今后的命运会如何呢？这么多年来，我们一直把她当作家人一般疼爱，将她抚养长大。如果被这个陌生男子带走，她就要和现在家里的每个人，以及熟悉的幼儿园老师、朋友分开。要是这样，小香香一定会哭喊着抵抗的。

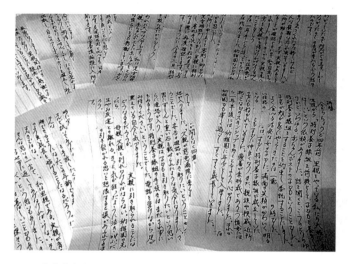

佐佐木先生写给节目组的信，洋洋洒洒 9 页纸，充满真情实感

仅是想象小香香幼小的心灵可能遭受的重创，浩辅先生便止不住泪流满面。

即便对于浩辅先生自身而言，他也难以接受可能要放弃这个视如己出的"女儿"的事实。

那个喊着"爸爸，爸爸"，扑进怀里撒娇的女儿；那个在寒冷的冬日天蒙蒙亮的清晨，问着"爸爸再见，今天几点回来"，送自己上早班的女儿。一想到和小香香一起编织的美好时光可能会被突然剪断，浩辅先生便难受得喘不过气，内心被一种巨大的痛苦占据。

同时，他再次意识到，"自己和妻子终究不过是小香香的养父母"。

浩辅先生一次又一次地告诉自己，"当初成为养父母时，就已经做好心理准备，当她的亲生父母想要抚养她时，就要立马把小香香还给他们"。

水落石出的出身

冷静下来想想，找到小香香的亲生父母也未尝不是好事。例如，当时，小香香身上没有任何线索显示她在何地出生、为何被放入婴儿信箱。但如今，这一切都水落石出了。

佐佐木夫妇在小香香开始懂事时便告诉她，他们和她没有任何血缘关系。如今年纪尚小的小香香对于这一点究竟能理解多少呢？我们无从知晓。但想必长大成人后，她也会想了解自己的身世，想寻找自己的亲生父母吧？

事实上，夫妇俩始终感到一种隐隐的不安——如果小香香的出身始终是个谜，那么即使某一天小香香对他们说，"想要见见自己的亲生父母"，他们也束手无策。那时，该如何回答她，该说些什么呢？如果无话可说，小香香一定会觉得自己很可怜。

如今，小香香亲生父母的出现，让他们得以释怀。然而，小香香的生父已经表明了想要带走她的意愿，一想到自己很可能与这个孩子分别，在之后的几天，焦虑不安、错综复杂的情绪便占据了他们的内心。

在此期间，由于这名自称孩子父亲的男子出现，儿童咨询所也积极采取了行动。在确认这名男子的确为小香香的生父后，儿童咨询所便将小香香的户口从佐佐木家迁到儿童咨询所，而后又迁到她的亲生父母所在地。

此外，由于小香香的真名得到证实，相关人员对她健康保险证上的姓名进行了变更，以她亲生父母的姓氏重新办理了医院的就诊卡。虽然在幼儿园大家仍叫她"佐佐木",但在儿科就诊时,医院叫号却是根据她亲生父母的姓氏。那一刻,"小香香并非自己的孩子"这一事实犹如一记重锤,击碎了佐佐木夫妇内心的幻想。当小香香天真烂漫地询问为什么别人用陌生的名字呼唤自己时,夫妻俩无言以对,唯有沉默。

平静生活被打破的恐慌

浩辅先生从儿童咨询所了解到,提出想带走小香香的是居住在关东地区的一对年轻夫妇,除小香香外,他们还有一个孩子。得知再次怀孕时,小香香的爸爸正值失业,经济窘迫。勉强糊口的两人无论如何也无力再抚养一个孩子。商量过后,夫妻俩决定把出生后不久的小香香放入婴儿信箱。

也许他们之所以留下一张写着"明日香"的字条,是出于对孩子的牵挂,想等找到工作、生计有了着落后,再把孩子接回去。

即便如此,父母把孩子放入婴儿信箱 3 年多后才再次现身。发生如此事态，就连儿童咨询所也始料未及。在当初将小香香委托给佐佐木夫妇的负责人看来，小香香在稳定的家庭环境中被爱呵护着成长，如果可以，最好能维持她原来的生活环境。

但该负责人还是请求小香香的养父佐佐木浩辅先生过些时日再来办理收养手续。这背后有一个重大的原因——养父母制度的作用终究不过是临时抚养孩子，亲权仍属于孩子的亲生父母。一旦孩子的亲生父母希望领回孩子，原则上需尊重亲生父母的意愿，将孩子归还。

如果想让小香香继续和养父母生活在一起，则必须在征得亲生父母同意的基础上办理特殊收养手续，将亲权移交给佐佐木夫妇。

生父母和养父母，亲权究竟应属于谁？

基于小香香亲生父母使用婴儿信箱的缘由，儿童咨询所不断与其协商，希望他们为孩子的未来考虑，与孩子的养父母佐佐木夫妇建立特殊收养关系。经过长达一年的多次协商后，明日香的亲生父母终于同意将孩子托付给佐佐木夫妇抚养。

家庭法院的判决

即便如此，佐佐木夫妇悬着的心仍未放下。这是因为若想和小香香正式建立亲子关系，还需向家庭法院申请特殊收养，并接受判决。

家庭法院单独向小香香的亲生父母确认是否同意建立特殊收养关系后，便进入了判决程序。当转移户口时，作为最终确认，家庭法院再次向小香香亲生父母确认了他们的意愿。

虽然在和儿童咨询所的协商中，小香香的亲生父母考虑到孩子的未来最终同意将她托付给他人抚养，但是如果他们在办理手续的近半年间改变了心意，收养的手续将就此中断，小香香也将被送回亲生父母身边。

也许再也见不到那个天真无邪地追着哥哥嬉闹的小香香了。也许再也听不到她的笑声和哭声了。也许再也没有机会紧紧拥抱她了。

在法院进行最终确认的两周时间里，佐佐木夫妇无时无刻不被一种紧张感包围。

庆幸的是，小香香的亲生父母并未改变心意，收养关系就此成立。对佐佐木夫妇而言，当小香香成为自己真正的孩子的那一刻，如释重负的感觉多于快乐。这一刻，他们终于成了一家人。最重要的是，小香香能够继续在熟悉的环境中天真烂漫地成长。想到这里，夫妻俩不禁泪流满面。

重视血缘关系的家庭观

通过一系列法律手续，佐佐木夫妇与小香香终于建立了收养关系。对于与小香香亲生父母不断进行切实交涉谈判的儿童咨询所负责人，佐佐木浩辅先生感佩不已。

但是对于不透露身份信息就抛弃孩子，却在多年后又想要回孩子的亲生父母，他们至今仍感情复杂。

——太由着自己的性子来了。

因为自身原因抛弃孩子且隐瞒孩子的身份信息，无异于不履行父母的义务。但还是要感谢他们在认为自己无力抚养时没有把孩子丢在路旁，而是将其放进婴儿信箱。

面对相继有孩子因被虐待或被抛弃而失去生命的现实，如果类似婴儿信箱的设施能够在全国普及，就能挽救更多的生命。自成为小香香养父母的那一刻，这一想法便始终萦绕在浩辅的脑海中，挥之不去。

然而，一想到在今后的成长过程中，孩子可能会因为"不知道亲生父母是谁"而内心产生纠葛，浩辅先生又认为匿名抛弃孩子的行为完全是出于父母的随心所欲。为何法律始终维护亲生父母的亲权？浩辅先生无论如何也无法理解这一点。

虽然在收养小香香的过程中，事态的发展出乎意料。但儿童咨询所的工作人员向那位突然现身的小香香生父说明了情况，告诉他小香香3岁之前在养父母身边顺利成长，也正因为获得了小香香生父的理解，佐佐木夫妇才能走到今天。

然而，事实上，若孩子的亲生父母始终坚持领回孩子，在亲权的名义下，则必须尊重孩子亲生父母的意愿。在日本，重视血缘关系的家庭观念依旧根深蒂固。即便养父母或儿童咨询所判断不应将孩子归还其亲生父母，但不可否认，在以往的案件中，依旧出现了家庭法院将孩子判给其亲生父母的情形。

——我们应该守护的，难道不是孩子的未来吗？

一想到被放入婴儿信箱的孩子背负的宿命，即便如今和女儿幸福地生活在一起，浩辅先生心中的困惑也从未散去。

剥夺亲权的起诉寥寥无几

事实上，过去曾发生因过分尊重孩子生父生母的意愿，影响了孩子养育环境的案例。

那天，未婚妈妈京子（化名）把刚生下的孩子放入婴儿信箱后，便被慈惠医院的护士叫住了。她告诉护士"自己因经济拮据无力抚养"，护士们耐心地听完她的倾诉。其后，京子与当地的儿童咨询所交谈数次，并最终决定把孩子先放在孤儿院，等收入稳定后再接回抚养。

京子的父母也表示将孩子接回家后，愿意协助京子抚养孩子。儿童咨询所的负责人对此进行了确认，并表示将提供支持，助力母子早日团圆。

然而，6 年后，那个孩子依旧在儿童养护机构生活。京子虽然每个月都会坚持来见孩子一到两次，并欣喜地说道，"我感到了孩子的成长，很开心"，但她也向我们坦言，"我觉得现在还没做好把他接回去抚养的心理准备，也没法给他一个良好的环境"。

现实中，不仅是被放入婴儿信箱的孩子，对于一些因受父母虐待而在机构生活的孩子，只要其父母表露出"将来想把孩子接回家抚养""希望不要把孩子给养父母"的意向，他们作为父母的权利，即亲权将受到保护。也正因如此，有许多孩子和京子的孩子一样，被迫在机构中长期生活。

日本民法中规定的亲权指父母在抚养未成年子女时被赋予的权利和义务，涉及对子女的养育、教育或管教、财产及居住地管理等方方面面。

针对"以管教为名，行暴力之实"或放弃育儿等虐童行为，法律中也存在一种名为"剥夺亲权"的制度。只要亲属等向家庭法院起诉，父母的亲权将被剥夺。

然而，由于父母的亲权一经剥夺将永远丧失，在众多虐童案中，出于对亲子关系修补风险的考虑，剥夺亲权的起诉寥寥无几。

在这一背景下，为了守护儿童安全，国家于2011年修订了民法中对亲权的规定，设立了亲权限制新制度，将无期限剥夺亲权改为暂时中止虐待或放弃育儿家长的亲权。亲权中止的上限为两年。该修正案旨在利用亲权中止时间，矫正父母的问题行为和改善养育环境，从而助力亲子重修于好，共同生活。

据日本最高法院统计，截至2011年，收到剥夺亲权的诉讼案件近150起。民法修正后，诉讼数量翻番，2016年的全国诉讼案件共计316起。其中，确定剥夺亲权的案件25起，暂时中止亲权的案件83起，创历史新高。

遗弃子女后依旧保留的亲权

事实上，针对虐待儿童、放弃育儿、遗弃儿童等行为，许多国家都制定了关于亲权处理的明确规定。

在美国和法国，儿童被遗弃 1 年后，若父母未出面承认或不知所踪，其亲权将失效。此外，在婴儿信箱的诞生地德国，我们在第四章也将提及，若父母 8 周内未出面承认，亲权将被剥夺。而且不论在上述哪个国家，孩子在其后都会即刻作为养子被送往新的家庭生活。

为何日本却未能如此？

精通亲权问题的非营利法人儿童虐待预防协会理事岩佐嘉彦先生指出："即便我们规定可以暂时中止亲权，为孩子提供安全庇护所，但法院往往会在剥夺或限制亲权时犹豫不决。虽然守护孩子生命的制度本身向前迈了一步，但在实施时并不明朗。"

在剥夺亲权作为一项制度未能充分奏效的情况下，岩佐先生最为担忧的则是父母在遗弃孩子后，亲权仍旧保留的问题。

"把孩子放入婴儿信箱并不涉嫌遗弃罪，这也降低了父母出面承认的门槛。但我们应该像国外那样制定相关条例，在一定的时间后，便迅速采取下一步行动，而不是一味等待那个不知何时现身的父母。如果继续照现在的模式运营，极有可能损害那些被放入婴儿信箱的孩子的利益。"

正如在佐佐木夫妇身边成长至 3 岁的小香香那般，我们该如何对待那些曾放弃孩子又在数月或数年后突然现身的父母的亲权。在守护孩子人生的道路上，依旧横亘着许多仅凭法律法规难以解决的问题。

生大于养？养大于生？

山梨县立大学教授西泽哲先生作为节目嘉宾来到演播室，对于有两成多孩子被放入婴儿信箱后再次被家人接回的现实（127 页，图表 3-2），他表示："我觉得太多了。"他也对儿童咨询所的应对措施提出了质疑。"把孩子放入'鹳鸟摇篮'，从某种意义而言，就等于抛弃了孩子，这种行为的严重性不亚于虐待或疏于照管。但是，家长来接就让他们把孩子带回去，这种做法是否有失考虑？"

诚然，也有人认为由亲生父母抚养对孩子更有益，但我们不能忘记，这些孩子有着被父母抛弃的刻骨铭心的经历。他们在养父母身边度过了平稳岁月，如果又突然被迫离开熟悉的家庭，去面对巨大的环境变化，他们的心情又将如何？

"这样的经历只会使孩子受伤的心灵雪上加霜，有时甚至可能会给孩子造成无法挽回的伤害。虽然可能会为各种因素所牵绊，但周围的集体和个人还是要提供支持，更积极地利用特殊收养制度构建新的亲子关系，并营造安稳的成长环境。"作为一名受虐儿童的心理疏导专家，西泽先生的此番言论则是完全站在了孩子的视角。

目前，这类孩子的福利工作主要以儿童咨询所为中心展开，但西泽先生认为，从机构到寄养家庭，从寄养家庭到收养家庭，我们要给孩子更多的选择，这一点十分重要。

只有提供稳定的环境与情感，孩子才能健康成长。为了让所有的孩子享受到这一切，我们要不断改变这些基于成年人视角所创建的制度、机制和法律。

第四章

谁来帮助孤立无援的母亲

社会中的弱势群体

在前面的章节中，我们介绍了婴儿信箱的各种使用案例及其背景。不少读者都对因一己之私而利用婴儿信箱的成年人愤慨不已。我们采访小组也不例外。

那么，为什么婴儿信箱的使用者不先向周围的人寻求帮助呢？让我们来探讨一下。

2015年，医疗电视剧《产科医鸿鸟》第一季在TBS[1]播出，反响十分热烈。第一集《我们每天

---

1 ［译注］TBS即日本东京放送系统电视台（Tokyo Broadcasting System Television），是日本五大民营无线电视台之一、在京六局之一。

都在奇迹身边》中，有一个标志性的场景就是以这种情况为背景的。

年轻的儿科医生白川领和前辈今桥贵之在聊天时，谈到了接收"零产检"孕妇的问题。

> 白川：就算再没钱，怀孕之后一般也会去做产
> 　　　检吧。
> 今桥：能做到"一般"已经是非常幸运的了。
> 　　　因为贫穷不仅仅意味着没钱。它同样意
> 　　　味着无法接受教育，无法获取信息，无
> 　　　法获得家庭和朋友的关照。而这类孕妇
> 　　　最终的结果就是未经产检直接生产。

孕妇未经产检、孕周不明且不清楚是否身患炎症，对于院方而言，接收这种孕妇入院生产有一定危险。但是，电视剧主角鸿鸟樱认为"肚子里的宝宝是无辜的"，因此决定接收孕妇入院生产。

我们指责未经产检就分娩的孕妇"不负责任"，这再简单不过了。然而，今桥的台词提醒我们，在

现代社会中存在一些人，他们无法"正常"享受一般人的待遇。本章，我们将把目光转向这些弱势群体。

生活困窘威胁怀孕和生产

2016 年厚生劳动省的国民生活基础调查显示，2015 年日本的"相对贫困率"为 15.6%，约有六分之一的人生活在贫困线以下。

"相对贫困"与食不果腹的"绝对贫困"不同，体现的是发达国家的收入差距。以日本为例，2015 年的年收入中位数为 245 万日元，一般认为年收入低于中位数的一半，即低于 122 万日元的人生活在贫困线以下。

此外，经济合作与发展组织的最新信息显示，在其 35 个成员国中，相对贫困率最高的是以色列，日本仅次于爱沙尼亚、智利等国，位居第 8。

回到上述厚生劳动省的调查，我们可以发现，针对不同家庭（发生过地震的熊本县除外）对生活的看法这个问题，认为"生活困难（非常困难、有点困难）"的家庭占 56.5%，虽然这一数据已经连续两年有所改善，但实际上仍有一半以上的家庭处于贫困之中。

此外，认为"生活困难"的各类家庭（熊本县除外）中，"有孩子的家庭"占比 61.9%，"单亲家庭"占比 82.7%。我们可以看出，未婚先孕、未婚生子或者孕期生活困顿的女性，可能很难安心生养孩子。

无法获取信息的孕妇

回到本章开头的电视剧场景。对于即将分娩者而言，如果无法获取"必要的信息"，那么会发生什么呢？

根据《母婴保健法》，如果女性发现自己怀孕，必须向当地政府报告怀孕情况。在报告时孕妇会收到一本《母婴保健手册》，也叫作《母婴手册》。手册可以记录孕妇、胎儿以及产后婴儿的健康状况。

孕妇拿到《母婴手册》后，会到妇产科等机构接受产检，但这并非义务。国家建议，孕妇应在分娩前定期监测自己和胎儿的健康状况。

厚生劳动省认为，从孕初期到分娩期间，最好接受"14 次左右"的产检。因此，《母婴手册》中也附有产检补助券。

根据厚生劳动省的调查，全国产检的平均补助金额为 102 097 日元，额度最高的是山口县的 119 029 日元，最低的是神奈川县的 69 644 日元，虽然地方政府之间的补助金额差距较大，但如果不进行特别检查或采取特别措施，孕妇在产检时自费部分几乎为零。我们再来看看分娩费用。根据厚生劳动省的调查，孕妇在分娩时自费部分的金额平均约为 50 万日元。如果孕妇加入了健康保险、国民健康保险，还可以获得 42 万日元的"一次性生育补助"。

慈惠医院公开表示正在考虑引进秘密生产制度，并于 2008 年 1 月和熊本市政府就现行法律体制下的可行性进行了磋商。市政府的相关与会人员表示："引进一项制度不是仅凭地方政府和医院就能实现的，还需要从国家层面完善相关法律。"

他认为，从法律层面引进该项制度比较困难。为了解决这个问题，熊本市政府目前正在推动厚生劳动省制定包括秘密生产在内的母婴援助政策。

未经产检的风险

此外，如果加大对产检重要性的宣传，应该可以减少孕妇未经产检生产的情况。女性在怀孕后，身体会发生很大的变化，比如会因分娩所需而分泌大量荷尔蒙，孕期体重增加过多可能会导致罹患妊娠高血压综合征、妊娠糖尿病等并发症的风险增加，应多加注意。

在产检时，妇产科医生、助产士和护士会检查孕妇的健康状况，并为孕妇提供日常生活的详细建议，以便及早发现这些并发症。此外，政府会在必要时进行子宫癌以及病毒检查，以确保孕妇能够顺利分娩。通过检查胎儿的发育和健康情况，医院可以制定安全的分娩方案，胎儿出生后也便于及时送往儿科进行治疗。

此外，孕妇在孕 30 周左右，可能会出现胎儿头部仍不向下的"胎儿横位"、胎盘位置过低而附着在子宫下段的"胎盘前置"、细菌从子宫内传播到孕妇全身甚至胎儿的"炎症"等症状，这些都可以通过产检及早发现，并获得妥善的治疗。

在医疗技术发达的现代日本，2016 年孕妇死亡人数为 34 人，死亡率为每 10 万人中 3.4 人（出自国家社会保障和人口问题研究所《人口统计资料汇编》）。虽然这个数值在世界上处于低水平，但死亡率也并非为零。对此，我们应在学校教育中认真普及怀孕和分娩可能引发的多重危险以及产检的必要性。

临盆才去医院的情况为数不少

事实上，对于那些不能向周围人透露自己怀孕的女性而言，到政府部门申领《母婴保健手册》非常困难。其中，还有一部分人因拖欠税款而不愿意去政府部门。

通过咨询窗口，孕妇可以获得关于生产的相关信息，如果有其他顾虑，也可以找保健师等专业人员商量。然而，孤立无援的女性做不到这一点。产检旨在保护母婴的生命和健康，而这些孤立无援的女性最终在未经产检的情况下度过了孕期，在走投无路的情况下才去医院。

大阪府曾调查过孕妇未经产检和临盆才前往医院的情况，大阪也是日本唯一做此类调查的城市。调查结果显示，该类人群数量在2012年达到顶峰后逐年下降，但在2016年仍有228人，这相当于大阪府内每307名产妇中就有1例以上。就其原因而言，"经济困窘"最为常见，占27%，其次是"相关知识匮乏"，占21%。这些数据也表明，孕妇并未准确获取相关信息。

被社会孤立的人们

让我们回到本章开头提到的电视剧中的出场人物，即今桥台词中提及的"那些无法获得家庭和朋友帮助的人"。

正如我们在序章中提及的那样，曾受邀录制

《今日焦点+》的是枝裕和导演呼吁，我们有必要去支持那些被社区、家庭等共同体孤立的母亲。

是枝先生执导的电影《无人知晓》，取材于东京市丰岛区巢鸭真实发生的遗弃事件：有一位单身母亲，一边打工一边抚养四个孩子，但有一天她找到了男朋友，便离开孩子们一去不复返。被遗弃的孩子们迫不得已开始自谋生路。

真实事件里有五个孩子，他们的境遇也比电影里描述的要悲惨得多。但是，是枝先生并非通过这部电影为那些弃养孩子的母亲定罪。他在电影中所描绘的是这样一个现代社会：没有向"无法接受教育，无法获取信息，无法获得家庭和朋友帮助"的女性伸出援手。

三菱 UFJ 研究咨询公司的"育儿支援政策相关调查（2014）"中，"育儿和育儿环境"项目的调查结果（图表 4-1）表明，在社区中，邻里之间通过儿童进行交往的比例明显降低。在 2002 年，81.0% 的受访者表示会看到"孩子们在一起玩耍，大人们在一旁聊天"的场景，而在 2014 年，这一

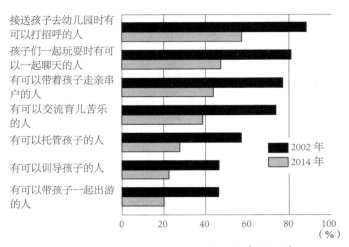

接送孩子去幼儿园时有可以打招呼的人

孩子们一起玩耍时有可以一起聊天的人

有可以带着孩子走亲串户的人

有可以交流育儿苦乐的人

有可以托管孩子的人

有可以训导孩子的人

有可以带孩子一起出游的人

2002 年
2014 年

0　　20　　40　　60　　80　　100
（%）

图表 4-1　社区里通过孩子进行的交往（多选题）

比例骤降至 47.5%。2002 年，57.1% 的受访者认
为自己有能力照顾孩子，而到了 2014 年这一比例
大幅下降，只有 27.8%。

　　尤其是在邻里关系疏远的城市，整个社区对孩
子成长的关注愈发稀少，越来越多的人只能独自面
对抚养孩子的难题。区域共同体曾经是社会保障
安全网的一部分，现在早已名存实亡，不再发挥
作用。

　　如今人与人之间的关系越发淡薄，在这种情况

下，如果不尽快建立起行之有效的母婴援助机制，难以抚养子女者恐将继续增加，对婴儿信箱的滥用也将无法杜绝。

倾听女性的声音

为了帮助这些与社会隔绝的女性，慈惠医院在婴儿信箱投入运营之前，开设了一个 24 小时免费电话咨询窗口，为女性提供与怀孕、分娩相关的咨询服务。

慈惠医院希望大家尽量不要使用"鹳鸟摇篮"，并在网站主页上呼吁，托付孩子之前尽量先来咨询。

医院的护士和专业心理医生会全年无休地接听咨询电话。咨询电话开设的首月，就处理了 100 多次咨询，这个数量还在逐年增加。打过咨询电话者往往会再次来电咨询，这样也方便咨询师随时查看记录。

在咨询窗口开设以来的 8 年时间里，慈惠医院原护士长田尻由贵子女士一直都在与咨询师共同处理电话咨询。她无论何时都将手机带在身边且

24 小时开机，只要电话铃声响起就会立即接听。

"我怀孕了，但没钱养孩子。""我不知道怀了谁的孩子。""已过了最佳堕胎时期，我该怎么办？""我还是一名初中生，但怀孕了。""我刚刚在家里分娩了。""生完孩子之后，我想把孩子放入婴儿信箱。"——这些都是被逼走投无路的女性。

咨询者数量超出了田尻女士的想象。她们就算告诉孩子的父亲自己怀孕了，可能也只能得到诸如"'打'了吧""这真的是我的孩子吗"之类的答复。她们也不敢把烦恼告诉父母或朋友，无奈之下她们只好打电话咨询。同为女性，田尻女士对此感到非常痛心。

咨询师在接听电话时，尽量不在一开始就询问咨询者的姓名和住址。咨询师诚挚地倾听咨询者"不想让任何人知道"的需求，不急于毕其功于一役。虽然咨询师与咨询者沟通时非常小心谨慎，但也经常会在询问对方的姓名或联系方式时被挂断电话。

"尤其是未成年人，她们担心如果身份暴露，父母和学校就会知道自己未婚先孕的事。我们首先要告诉她们，'我们一起寻找解决问题的方法吧'，之后一定要长期与她们保持联络，细心倾听她们的声音。"田尻女士如是说。

在慈惠医院处理的咨询中，除了来电咨询外，也有一些来到婴儿信箱后要求面谈的案例。有些母亲犹豫着要不要推门，只好通过门旁的对讲机寻求帮助；也有些母亲将孩子放到婴儿信箱后，被信箱中写给父母的信打动而选择抱回婴儿。

婴儿信箱并非唯一解决方案。咨询师们正在努力告诉她们还有其他选择。

林林总总的咨询内容

评估报告显示，慈惠医院第一年共接收了501个咨询案例，2016年则增至6 565个，增幅超10倍。在开设咨询窗口10年期间，咨询总数超过2万。

从咨询者的年龄方面来看，20多岁的女性占比近一半，其次是10多岁和30多岁的女性，均占20%左右。

（年度）

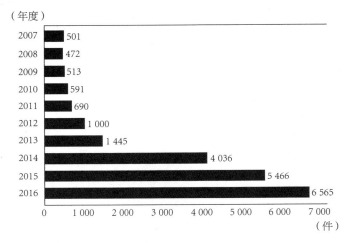

图表 4-2　咨询数量的变化（2007—2016）

　　大约 90% 的咨询电话来自熊本县外。换言之，熊本市的一家民营医院的咨询窗口，正解决着全国各地女性的烦恼与困扰。

　　咨询内容繁杂多样，包括未婚先孕、婚外情怀孕、生活困窘、产后抑郁、家庭暴力等。这些女性都有一个共同点——她们无法承担生养孩子的责任。

　　评估报告中记录了实际咨询案例。在此，我们仅简要介绍部分案例。

咨询案例 A

一对夫妻生下了一个残疾的孩子。当主治医生告诉他们"照顾孩子是父母的责任"时，妻子神经错乱了，丈夫只好前来咨询。慈惠医院通过与这对夫妻的居住地行政部门合作，为二人提供了援助，帮他们联系了儿童安置机构。

咨询案例 B

未经产检的未婚孕妇打电话过来说"不想让父母或任何人知道自己怀孕了"。而后，慈惠医院与其居住地的保健师一起进行家访，最后将她送去医疗机构就诊并成功分娩。由于采用的是剖官产，生产后婴儿住院接受集中治疗。

咨询案例 C

孕妇的室友来电咨询。孕妇由于无力支付房租只好搬离出租房，目前在行驶的车中。"孕妇开始打鼾，叫她也没有回应，我们现在需要帮助。"根据描述，孕妇可能患有妊娠高血压综合征，咨询师为她联系了救护车，孕妇被安全送往医院。

咨询案例 D

一位未经产检的母亲在家中生下一对双胞胎，她打电话告诉咨询师，其中一名婴儿因为横位已经没有呼吸。咨询师建议她到医院就诊，并联系了当地的警察。但随后，其中一名婴儿被宣布死亡，此事也被警方作为刑事案件展开调查。

咨询案例 E

一位抱怨育儿存在困难的未婚母亲打来电话，说她想把两个孩子托付到婴儿信箱。她疲于育儿，但是没有人可以依靠，她曾求助当地儿童咨询所，但是工作人员告诉她："你的情况不符合放弃抚养子女的规定，我们不能替你代管孩子。"基于这种情况，咨询师决定直接与她面谈，并帮助她联系了儿童咨询所。

咨询案例 F

一位产后一个月的母亲来电："我不想活了，

我的孩子就拜托你们了。"随后这名母亲来到了婴儿信箱，当她打开门时，医院工作人员向她搭话，最终她同意与工作人员面谈。之后医院与其居住地行政部门合作，该女性在婆家的帮助下开启了育儿生活。

咨询案例 G

一位带着两个孩子的母亲通过内线电话联系到医院，说她"想保护孩子免受丈夫暴力"。医院通过与行政部门合作，了解到她的遭遇，并在警方在场的情况下与其丈夫进行了交流。

咨询案例 H

一位女性来电，说她从丈夫的家暴中逃脱后才发现自己怀孕了。咨询师建议该女性，若"无法养育孩子"可就特殊收养问题向警方咨询，并通过与其居住地行政部门合作，确保了孕妇的安全，该女性也决定继续妊娠。

全国各地的婴儿信箱后备军

田尻女士认为，这些电话咨询成果斐然。咨询师通过倾听孕妇的声音以及不断向她们提供建议，有效减少了使用婴儿信箱的人数。

"如果有女性把孩子托付给婴儿信箱后，又改变主意决定自己抚养孩子，那我们该如何让她得到孩子的父亲、自己的父母或家庭的帮助呢？但如果她们得不到亲人的帮助，只能独自抚养，我们又该怎样帮助她们申请诸如最低生活保障等公共援助呢？……咨询内容虽然繁杂多样，但我们必须一一用心解决。"

如此一来，咨询者往往会透露自己的姓名和联系方式，也有利于问题的解决。有的孕妇将怀孕的事情告知胎儿的父亲，在和父母、朋友商量后决定抚养孩子；有的孕妇通过公共机构将孩子送入儿童养护设施，或将其托付给养父母。

如果是即将分娩等紧急咨询电话，慈惠医院会针对此类情况，紧急接收县内孕妇住院；如果是县外孕妇，慈惠医院则会联系孕妇居住地的医院，帮助孕妇成功分娩。慈惠医院不过只是一家民营医院，却做到了公共机构都难以做到的细致应对。

田尻女士认为，在接受咨询时，不仅要关注咨询者眼前的困扰，还要关注她们分娩之后的生活，要考虑她们需要何种长期帮助。

田尻女士至今还和之前来咨询的几位女性保持着联系。她平静地说道："曾经一度想要堕胎的女性给我发来了和谐融洽的亲子照片，这时候我就不由地想'幸好她当时打电话过来咨询了'。这些来电咨询的女性正是所谓的'婴儿信箱后备军'。我想让更多人知道，在全国因难言之隐而痛苦烦恼的女性数量如此之多……"

咨询窗口的法定化

慈惠医院开设的电话咨询服务受到了全国女性的关注，其他公共机构和民间团体开设的咨询服务也在逐渐增多。

2017 年 4 月，为了向孕期到育儿期的女性持续提供援助，国家终于开始着手制定相关法律，希望在全国范围内开设咨询怀孕、分娩相关问题的窗口。然而，设立此类咨询窗口仍然只是地方政府的"努力义务"，开设咨询窗口的市区町村仅占全国三成多一点，其覆盖面之窄令人震惊。

慈惠医院的咨询师、护士和助产士会全天在线、全年无休地提供免费咨询服务，但这种咨询窗口只是凤毛麟角。

田尻女士表示："我们不知道什么时候会出现独自在家分娩的母亲，为了应对此类紧急情况，我们应该尽快在全国范围内设立一个 24 小时随时待命的咨询窗口。"

她从慈惠医院退休后，仍在熊本市做着咨询师的工作，继续应对女性的烦恼。今后即便全国咨询窗口数量有所增加，但咨询师的专业性问题也会随之浮出水面。

"咨询师需要具备足够的知识，能够走进母亲的内心，这是将母婴从绝境中拯救出来的关键。许多母亲仅仅因为咨询窗口是'公共'的便望而生畏。我们可以让来电咨询者选择匿名，重要的是要尽可能走进她们的内心世界。"

母亲援助体制推进受阻

5月10日是婴儿信箱的设立纪念日，每年这个时候医院都会召开记者见面会。院方几乎年年都会呼吁国家强化从怀孕到生产的长期咨询体制。

除了儿童收养外，医院90%的咨询者也都来自熊本县以外。鉴于这一实际情况，评估会议上专家们一直强调需要设立"与咨询窗口配套的应急设施"。

"母婴可能会在前往熊本县的途中丧命。为了避免这种情况，我们需要在全国设立'救命设施'，以帮助那些走投无路的母亲。"

在推进援助体制建设方面，尽管国家正在将咨询窗口推广到全国各地，但到目前为止，还未提出过建立母婴临时庇护所等设施的想法。

"弃婴计划"的缘起

在此，我们将进一步详细介绍德国为支援母亲和孩子所做的努力。

1999 年，婴儿信箱的前身——婴儿保护舱在德国问世。那一年，德国北部城市汉堡发生了一起令人震惊的事件：4 名婴儿被丢弃在纸箱中，被发现时其中 3 名婴儿已经死亡。

汉堡市的一家经营幼儿园和托儿所的民间组织"史坦尼帕克"十分关注这一事态的进展。

1999 年 12 月，该团体的负责人启动了名为"弃婴计划"（Projekt Findelbaby）的行动，旨在帮助意外怀孕和无法应对生产的女性。该计划不仅开通了 24 小时电话咨询服务，还在德国首次推出了"匿名分娩"。

顾名思义，匿名分娩就是孕妇在不透露自己姓名、住址等任何身份信息的情况下，在医疗机构进行分娩，以此防止孕妇因为"不想让任何人知道"自己怀孕的事实，在未经产检的情况下独自分娩或遗弃新生儿的情况。

如果采用匿名分娩，孕妇会得到专业咨询人员的陪护，分娩时咨询人员还会陪同她们一起前往医疗机构。如果女性愿意，她们可以在分娩前住进母婴援助机构，并有 8 周的时间考虑分娩后是选择自己抚养还是弃养孩子。婴儿会在短期内被托付给寄养家庭照顾，在此期间，机构将为产妇提供产后恢复支持，让她们能够平静地思考今后的打算。

在此期间，如果母亲决定弃养孩子，机构将立即启动新家庭收养程序。在公共收养中介机构向母亲详细介绍孩子今后的生活起居等信息之后，才会开始办理相关手续。

如果产妇在这个阶段改变主意，决定自己抚养孩子，机构仍会继续进行援助，如果产妇愿意，她还可以和孩子一起住在母婴援助机构，包括生产、咨询、子女抚养等在内的相关费用均豁免。

然而，有些父母会在没有进行出生登记的情况下将新生儿托付给医院，对此社会上也有一些批判匿名分娩的声音，认为这是非法的。但是，作为拯救母婴的一种手段，匿名分娩现已在德国各地的医疗机构得到实施，其中部分医疗机构还免除了分娩费用。

遍布德国的援助设施

为防止有些女性在怀孕、分娩之后因不想抚养孩子，而将其遗弃或杀害，2000 年 4 月，推出"弃婴计划"的史坦尼帕克开始着手启用保护儿童生命健康的相关设施。

史坦尼帕克在其经营的幼儿园的一个角落里配置了首个设施，这是世界上第一个可以让父母匿名托付孩子的婴儿保护舱。接下来的一个月，他们在汉堡市的另一个地区设立了第二个婴儿保护舱。

慈惠医院效仿了这个做法，婴儿保护舱的小门里放置着恒温的保育箱，里面附有一封写给父母的信。父母还可以当场采集孩子的指纹和脚印，以便在他们希望抚养孩子时确认其身份。

保护舱的门一旦关闭就会上锁，无法再次打开。而且保育箱上安装的监控如果显示有婴儿被放入，工作人员就会立即联系附近的合作医疗机构。

这种婴儿保护舱一经面世就引起了轰动，吸引了全社会的广泛关注，民众大多善意地接受了这一做法，认为这是挽救孩子生命的最后手段。

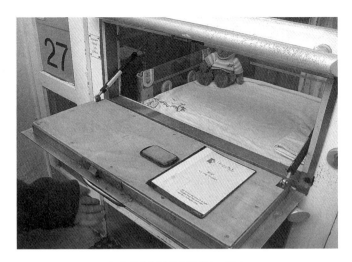

打开婴儿保护舱的门就有一张床

柏木恭典先生供图

婴儿安全得到保障的婴儿保护舱内部

柏木恭典先生供图

这种对母婴的援助很快被推广到整个德国，各地纷纷开始出现了类似的设施。这些设施大多数设置在医疗机构、教会、幼儿园、托儿所和儿童保护机构内，不仅仅是大城市，连小城镇住宅区的角落里也可见其踪迹。

在法律定位尚不明确的情况下，有些地方政府开始设立本地区的公共儿童咨询所。但是，也有些设施因无人使用而关闭。根据国家统计，截至2016年，已有93个设施被投入使用。

此类机构逐渐从德国普及到奥地利、瑞士等邻国，此后，不仅传播到了欧洲其他国家，还在日本、韩国、美国和南非等世界各国生根发芽。

即使在发源地德国，人们仍然对此类机构褒贬不一。这些由民间组织经营的机构没有国家或地方政府的补贴，他们的经费大多来自民间募捐。

然而，这些机构的开设也使人们有机会去认真思考：对母亲和儿童而言最好的方法是什么？如何建立一个人人安居乐业的社会？这些机构也促进了整个社会关于伦理观和社会制度的讨论。

但是在日本并未产生这种潮流，相关讨论也并未深入社会层面，究其原因难道仅仅是两国文化的不同和伦理、宗教观的差异吗？

"终止妊娠咨询"的普及

"弃婴计划"的启动不仅与当时汉堡市发生的一系列儿童遗弃事件有关，也与长期备受争议的人工流产密不可分。

作为一个基督教国家，德国在 19 世纪禁止孕妇以任何理由堕胎。然而，到了 20 世纪 70 年代，人们对保障妇女堕胎权利的呼吁引起了全国范围内的激烈争论。1974 年，法律开始允许孕妇在孕前期（不满 12 周）堕胎。

到了 20 世纪 90 年代，人们普遍认为应该优先考虑"保护胎儿的生命"，减少堕胎行为的发生，国家规定除符合某些特定条件之外，其他堕胎均为非法。

这些特定条件之一就是接受"专家咨询"。

那么"专家咨询"是如何帮助因怀孕而独自烦

恼、矛盾纠结的女性，并且保障胎儿生命的呢？

1992 年，德国社会就堕胎问题争论不断，最终出台了一项新的法律——《终止妊娠咨询法》。以此为契机，德国建构了相关支援系统，以帮助因是否生下孩子而纠结的女性。

首先，各地建立起了名为"终止妊娠咨询所"的咨询窗口。在此，社会工作者和其他专业人员会为遭受意外怀孕之苦的妇女提供免费咨询服务，并为她们提供从孕期到产后不间断的帮助，从而使得她们能够在医疗机构安全分娩。

目前，德国各地设有 1 500 多家终止妊娠咨询所，它们均由官方认可的民间组织负责运营。

有意堕胎的孕妇在堕胎之前必须向这个窗口咨询。在日本，未成年孕妇须与医生签订同意书后才能堕胎。而在德国，孕妇在咨询所向社会工作者等专业人员咨询后，会领到一份名为"咨询证明"的材料，只有持有该证明的孕妇才能获准堕胎。

此外，如果是因性侵而怀孕，或怀孕、生产会危及孕妇的身心健康，那么在征得孕妇本人同意后，可以堕胎。

对于希望进行人工流产的孕妇，咨询窗口需要认真处理孕妇的咨询，看看她们是否可以不流产，并为她们制定产后援助方案，一起想出更好的解决方法。如果孕妇或其伴侣不愿透露身份，也可以匿名咨询。由于法律规定孕妇有义务咨询，这有助于使一时情绪不稳定的孕妇平静下来，让她们有时间停下来思考除堕胎以外的其他出路，例如生下孩子，并考虑以后的生活。

另一方面，也有不少孕妇拒绝咨询。她们之中有些人即使知道在医疗机构可以安全分娩，却仍然对公共机构提供的援助心存戒备或不安，担心咨询人员会因此指责她们，有些人甚至在未经产检的情况下就在家中或其他地方分娩，风险极高。

我们究竟该如何挽救不受社会保障安全网保护的妇女和新生儿的生命呢？对此，我们还需要继续摸索支援母婴的新方法。

生或不生——支持女性的选择

2014 年，采访小组访问了位于德国杜塞尔多夫的终止妊娠咨询所。咨询所位于市中心的大楼里。我按下对讲机，所长库拉玛·伊拉丘微笑着迎了出来。

"谢谢您特地从日本赶来。"

打过招呼后，所长带我走进咨询所。

明亮宽敞的大厅里摆放着专为孩子们准备的玩具和绘本。办公室里挂着五颜六色的壁挂，铺着地毯，摆着舒适的沙发，咨询员们手捧咖啡，谈笑风生。

咨询所有 4 名 20—60 岁的员工，他们都受过社会工作和心理咨询等专业训练，不论男女，无论何种咨询都能应对自如。这里的气氛与印象中专门接待"问题孕妇"的地方相去甚远。

这天，来咨询的是一位 30 多岁的女性。之前产检时发现胎儿重度残疾，不知如何是好的她曾来这家咨询所咨询。

"生还是不生，不是自己和丈夫能轻易决定

的，我犹豫了好多次。"女性回忆起当时的情形，这样告诉我。

她反复造访咨询处，和咨询员一起仔细思考了分娩后孩子的医疗护理，以及自己今后的人生。

"只要我需要，咨询就会持续下去。如果生下来，会得到怎样的帮助？如果选择不生，会在心里留下怎样的创伤？有没有能帮助我的人？咨询员仔仔细细地帮我分析了情况。我觉得得到了很大的帮助。"

最终该女性做了人工流产的决定。其后，她还经常来这里和咨询员聊工作、家庭、日常生活，保持着良好的关系。

伊拉丘先生凝视着我的眼睛说："最重要的是与孕妇及其家人就各种可能性进行充分的沟通。生孩子和不生孩子的判断有什么意义，以及担负起对腹中胎儿的责任，自己做出决定，这比什么都重要。"

国家伦理审议会成员兼副议长的约亨·塔乌皮茨在接受采访时回答道："决定生还是不生是女性

的权利。保障女性的权利和孩子的生命，两者同样重要。为了能让孕妇和她的家人三思而后行，我认为国家应该提供医疗和支援的信息，以及细致周到的支持。"

形成多种援助机制

为了应对临盆才去医院等突发情况，也为了满足难以前往咨询所倾诉烦恼的女性的需求，终止妊娠咨询所与医疗机构的合作也不可或缺。

在杜塞尔多夫咨询中心所在大楼的同一层，有一家妇产科诊所。在采访期间，我们发现产科医生多次拜访咨询所所长。

"我这边来了一位孕妇，她正在纠结是否生下孩子。她现在的精神已经濒临崩溃了。能否请您开导她一下？"

医生向伊拉丘所长询问，所长当即回答道："当然。请马上把她带来。"

这种情况绝非个例，诊所的医生和咨询所的咨询人员经常会共享信息，并根据孕妇的具体情况采取措施。因为生产不仅关乎母婴的生命健康，而且与其心理健康也密不可分。如前所述，咨询所可多次免费提供咨询服务，当然也允许孕妇匿名咨询。如果咨询者难以负担生育费用，也可以使用社会保障金来支付。如果孕妇愿意，咨询所还可以为她提供产前、产后居住的庇护所。

伊拉丘先生表示："我们需要一个可以让走投无路的女性倾诉烦恼的场所。当我们花时间走进咨询者的内心之后，那些最初选择匿名的女性有时也会选择透露自己的姓名。我们不仅要为她们提供一次性援助，为了她们今后的生活，也为了孩子们的生命和之后的人生，我们还有必要提供多种多样的长期援助。"

"婴儿保护舱不会立即向抛弃孩子的父母提供支援。相反会让他们先向附近的咨询所求助，如此也可以解决更多的问题。"

当我们向所长和咨询师介绍日本婴儿信箱的情况时，对在全日本范围内只有一家民营医院提供婴儿收养和咨询服务，他们似乎惊讶不已。

"在德国，弃婴问题受到国家政府、有识之士、民间团体等社会群体的广泛关注，咨询所、匿名分娩制度以及遍布全国的婴儿保护舱是母婴支援的核心。我们根据女性的具体情况，为她们提供不同的选项。但这仍然不是最终目标。我们一直在摸索最佳方法。"

建构与母婴息息相关的机制

如前所述，在德国，弃养孩子的父母有 8 周的冷静期。无论他们选择使用婴儿保护舱、在医疗机构匿名分娩，还是因育儿困难等直接让咨询所或儿童福利机构等收养孩子，都可以在这段时间内思考自己是否真的无力抚养孩子。

在此期间，儿童将被托付给寄养家庭，如果亲生父母在 8 周后仍未领回孩子，其亲权将被取消，并开始启动收养程序。为了不影响孩子的健康成长，他们需要尽快被托付给新的家庭。

如第三章所述，日本有重视亲权的倾向，某些情况下孤儿院等机构的收养时间相对较长。为了不给孩子增加负担，以及为孩子的未来考虑，在德国，他们不会将儿童寄养在儿童福利机构，而是选择将他们送到寄养家庭、收养家庭，或者如果父母愿意，有时也会将他们送回父母身边。

到目前为止，德国大约有100个婴儿保护舱，已经收养了400多个孩子。此外，还有大约600多名孕妇曾匿名分娩。

汉堡市是婴儿保护舱的发源地，2000至2014年间，共有46名儿童被收养在由史坦尼帕克运营的保护舱中。

在婴儿被收养大约1个月后，史坦尼帕克会在当地报纸上刊登附有婴儿照片的文章。也许是受此影响，其中有三分之一

报道的标题是"如此可爱的阳光宝宝却被放入了婴儿保护舱"

柏木恭典先生供图

的父母自愿领回自己的孩子。

即便在父母领回孩子之后，咨询所和支援组织对母婴的援助也会持续很长时间。即使父母已经决定弃养孩子，如果他们愿意，咨询所也会为其提供咨询，和他们一起考虑今后的生活。

千叶经济大学短期大学部副教授柏木恭典先生关注德国的母婴援助政策多年，他认为："在德国，他们不断尝试并制定各种对策用于帮助情况危急的女性。这些实践者不拘泥于既定的制度和概念，而是坚信这样做'势在必行'。我认为对于父母而言，无论在何时何地，都应该为他们提供政府的行政支持、民间组织的咨询服务，以及婴儿保护舱这条最后出路。"

在日本，一个婴儿信箱可能要收养100多名婴儿。为了向孕妇提供从孕期到产后的不间断支持，国家近年来采取立法手段将咨询服务扩展到了全国范围，但这样做是否就已足够呢？

内心矛盾纠结的孕妇和父母遍布日本，他们无时无刻不在为此苦恼。但是，咨询窗口并非全天开放且数量有限，地方政府的公务员还要忙日常工作，他们能为咨询者提供的帮助是有限的。

近年来，日本虐童事件层出不穷，但日本上下并未深入探讨终止妊娠咨询、匿名分娩以及设置母婴援助庇护所等先进措施。

慈惠医院和各地民间组织独立开展的孕妇、母婴援助活动引起了全社会的关注。然而时至今日，社会障碍安全网依旧无法惠及所有人，为了日本的未来，是时候该认真直面这些问题了。

国家参与方式的差异

日本政府对于婴儿信箱的立场始终未变："无法参与一家民营医院的活动。"

在德国，多数人认为有必要将婴儿保护舱作为"最后手段"，而少数人则认为这是一个"可以合法抛弃儿童的地方"，这方面的法律问题至今仍悬而未决。

毫无疑问，日本和德国都有着各自的问题，但如果对两国进行比较就会发现有很大的差异，即

德国呼吁母亲使用咨询服务的海报，被张贴在车站等公共场所的厕所中

"国家参与方式"的不同。

在德国，设施的建设人员、福利教育领域的专业人员等众多相关人士，就如何才能为母亲和儿童提供长期援助进行了多年的深入讨论，并不断探寻除婴儿保护舱之外的其他各种援助措施，即便是现在也在不断探索。

另一方面，日本社会并未从母亲和孩子的角度出发，针对援助方案进行积极讨论，国家只会不断重复："烦恼不安的孕妇或父母请到公共窗口咨询。"

终　章

如何守护孩子的生命

评估报告中的专家意见

2017 年 5 月是婴儿信箱诞生的第 10 个年头，婴儿信箱再次被报纸和电视争相报道，也让许多人重新注意到了婴儿信箱的存在。

10 年间，婴儿信箱收养的儿童达到 130 人（见图表 5-1）。

图表 5-1　托付给婴儿信箱的孩子人数（单位：人）

	第 1 期	第 2 期	第 3 期	第 4 期	合计
托付的孩子数量	51	30	20	29	130
月平均托付数量	1.76	1.25	0.67	0.81	1.12

同年 9 月，熊本市的专家委员会发布了《鹳鸟摇篮第四期评估报告》。该报告从各种角度分析了 104 起身份明确的婴儿案例。

专家委员会主席兼关西大学教授山县文治先生、律师国宗直子女士、熊本大学医学部附属医院儿科医生三渊浩先生、熊本县养护协会会长上村宏渊先生、心理治疗诊所所长服部陵子女士共 5 位委员参与了该次评估。

该报告用 A4 纸打印，足足有 73 页，详细记录了婴儿信箱的开设始末，语言浅显平易，即便是对婴儿信箱一无所知者也能理解相关内容。这份报告充满了对孩子的关怀，让人感觉到它不仅仅是一份充斥着信息和数据的材料。

既然收养婴儿是以匿名为前提的，那么我们又是如何获得当时的情况和父母信息的呢？这些信息大多来自父母托付孩子时留下的信件、父母和院方的接触以及他们后来的主动透露。

在过去的 10 年里，婴儿信箱的情况并无太大变化，不过每期报告均有其特点。

例如，自第 2 期之后，"生活困窘"成了弃养孩子的首要理由，而在第 4 期，这一比例已占 41.4%。由于父母（祖父母）的反对而弃养孩子的人员比例，由第 1 期的 2% 增加到第 4 期的 20.7%，而以"对养育孩子感到不安、有负担"为由的人从第 3 期的 0 上升至第 4 期的 17.2%（图表 5-2）。

图表 5-2　关于托付的理由（单位：起、%）

各项目	第 1 期		第 2 期		第 3 期		第 4 期		第 5 期	
	数量	构成比例	数量	构成比例	数量	构成比例	数量	构成比例	数量	构成比例
生活困窘	7	13.7	9	30.0	6	30.0	12	41.4	34	26.2
父母等反对	1	2.0	2	6.7	1	5.0	6	20.7	10	7.7
未婚	3	5.9	9	30.0	6	30.0	9	31.0	27	20.8
出轨	5	9.8	4	13.3	4	20.0	4	13.8	17	13.1
面子、户籍	11	21.6	6	20.0	1	5.0	7	24.1	25	19.2
伴侣的问题	2	3.9	6	20.0	4	20.0	10	34.5	22	16.9
拒绝抚养	2	3.9	2	6.7	2	10.0	4	13.8	10	7.7

	第1期		第2期		第3期		第4期		第5期	
对育儿感到不安、负担	—	—	—	—	0	0.0	5	17.2	5	3.8
其他	6	11.8	5	16.7	1	5.0	3	10.3	15	11.5
不明	14	27.5	4	13.3	8	40.0	7	24.1	33	25.4
合计	51	—	47	—	33	—	67	—	198	—

在第 1 期，残疾儿童的个案为 5 起，第 2 期至第 4 期则每期有 3 起。

此外，就被弃养儿童的健康状况而言，第 1 期 92.2% 的儿童是健康的，而到了第 4 期约有一半，48.3% 的儿童"需要治疗"（图表 5-3）。

独自分娩是上述情况的潜在原因。报告指出，第 1 期共发生了 16 起独自分娩事件（占比 31.4%），而到了第 4 期则有 25 起（占比 86.2%），呈大幅上升态势。尽管慈惠医院已经努力向民众普及了独自分娩的危险性，但选择独自分娩的人数并未因此减少，这一事实不容忽视。

图表 5-3　孩子的健康状况（单位：起、%）

各项目	第1期		第2期		第3期		第4期		第5期	
	数量	构成比例	数量	构成比例	数量	构成比例	数量	构成比例	数量	构成比例
健康	47	92.2	28	93.3	11	55.0	15	51.7	101	77.7
需要治疗	4	7.8	2	6.7	9	45.0	14	48.3	29	22.3
小计	51	100.0	30	100.0	20	100.0	29	100.0	130	100.0

该报告指出，独自分娩"会威胁孕妇和胎儿的生命安全"，"没有相关专家帮助的分娩应被视为'虐待'，如果相关人士得知了这一情况，应通知地方政府"。报告中第一次措辞严厉地提到"独自分娩等于虐待"。

10 年运营得出的总体评估

该报告第五章从儿童人权的视角出发进行评估。接下来本书将对其做简要介绍。

第一，"对保障出身知情权方面的评估"，报告强烈主张儿童具有独立的人格和尊严，应尽量避免出现身份不明的儿童。

第二，"对保障生命、保护生命健康权方面的评估"，报告提到独自分娩的比例正大幅度增加，并一针见血地指出这样将难以确保儿童的生命健康和人身安全。

第三，"对'托付孩子是否过于轻率'方面的评估"，报告中列举了一些父母为一己私利而抛弃孩子的例子，指出这种做法在一定程度上导致托付孩子过于轻率。报告也指出，某些假以时日才能被父母接受的残疾儿童，可能会因此直接被弃养。

第四，"对鹳鸟摇篮匿名性方面的评估"，报告认为这可以更好地让父母获得援助，是一种紧急避险的手段，但报告同时强调，从儿童人权和创造良好养育环境的角度来看，始终保持匿名是不可取的。

此外，值得我们注意的是下面的"婴儿信箱10年运营得出的总体评估"部分：

我们无法验证鹳鸟摇篮是否直接拯救了孩

子的生命。而且，在鹳鸟摇篮开设后 10 年，它仍然需要直面各种问题。（节选）

专家委员会曾多次对婴儿信箱进行评估，向慈惠医院、国家及社会提出了方方面面的建议。但是，究竟还要过多少年，才能完全破解浮出水面的"各种难题"呢？

希望不再有身份不明的孩子

匿名也是问题之一。专家委员会反复强调："为了保护儿童的人权，应该保障其'对亲生父母的知情权'，极力避免出现身份不明的孩子。"但是，慈惠医院对此一贯表示"绝不会放弃匿名收养制度"。

理事长莲田先生对此愤慨不已："专家委员会完全不明白这里是某些走投无路母亲的唯一救命稻草，更不理解她们不想让任何人知道的艰难处境。"

尽管院方也在不断加强宣传，通过门旁的广告牌、写给父母的信件等方式呼吁他们先来咨询再做决定，但截至 2017 年年底，仍存在 26 名身份不明的儿童，占总数的 20%。

熊本市儿童咨询所的一位工作人员在接受我们采访时坦言："人们往往认为'把其中 104 个婴儿的身份确定了就可以了'，然而事实并非如此。迄今为止我们收养了 220 个孩子，每个孩子都有权知道自己的亲生父母是谁，这对孩子的未来至关重要。"

儿童福利研究专家山县文治先生强调："有些人认为，如果孩子能在新的寄养家庭或收养家庭中长大，即使不知道自己的亲生父母是谁，也不会影响他们健康成长。确实，也许与其让不负责任的亲生父母抚养，还不如把孩子送往新的家庭。但是，我们不能因此剥夺孩子'对亲生父母的知情权'。"

联合国《儿童权利公约》[1]明确规定：所有儿童都拥有"对亲生父母的知情权"，都有权知道自己的亲生父母是谁，日本也于 1994 年加入了这一公约。

---

1 ［译注］《儿童权利公约》是第一部有关儿童权利保障且具有法律约束力的国际性约定，适用于全世界的儿童，即 18 岁以下的任何人。1989 年 11 月 20 日，联合国第 44 届联合国大会第 25 号决议通过该公约，并于 1990 年 9 月 2 日在全世界生效。

上文提到的教育学专家山下雅彦先生指出：优先保护儿童权利在全世界都是大势所趋。"孩子们总有一天要面对自己的过去，要明白自己到底是谁。在这种情况下，无论孩子在多么幸福的新环境中成长，当他们面对'不知道亲生父母是谁'的问题时，都可能陷入自我否定之中。"

如果完全封闭了孩子们将来知晓亲生父母的道路，那么他们该如何面对自己呢？又有谁来守护和援助那些把孩子放进婴儿信箱、关上箱门默默离开的"匿名"父母呢？我们至今仍未找到解决匿名问题的办法。

推出保护母婴的"秘密生产"

与此同时，2017 年 12 月，为了更好地支援母亲和孩子，慈惠医院宣布推出一项名为"秘密生产"的新制度。

顾名思义，这是一项孕妇可以不透露身份匿名生产的制度，在德国，这一制度在 2014 年就已经合法化。

这种秘密生产主要有两大特点。

第一，孕妇可以在医疗机构匿名生产。某些女性因各种原因不幸意外怀孕，却"无法告知任何人"，也"不想让任何人知道"，这时医院会为她们提供咨询并安排其在医院匿名生产。

第二，当秘密生产的孩子长大后，可以知晓他们的"亲生父母是谁"。

德国已经实行的秘密生产制度规定，咨询所只能有一名咨询师可以获知孕妇的姓名、生日、住址和生产医院等信息，且这些信息均由国家严格管控。

此外，孩子年满 16 岁后，只有在他们自愿的情况下，才会让其知晓父母的信息。

换言之，在国家相关部门的支持下，这一制度保障女性能在除特定人员外任何人都不知情的情况下安全生产，也保障了孩子"对亲生父母的知情权"。这一制度有两大意义：一方面可以照顾到希望匿名收养孩子的父母，另一方面也考虑到了长大后希望知晓父母身份的孩子。

从匿名到实名

在德国，孕妇可以在医疗机构匿名生产。但匿名生产在合法化之前，遭受了社会各界的质疑。

人们争论的焦点是：如何才能保护孩子了解自己出身的权利？除了匿名分娩外，我们还有什么选项？

最终，秘密生产制度应运而生。

据德国行政机构联邦家庭部统计，自秘密生产合法化以来，即 2014 年至 2017 年的 3 年间，通过这种方式出生的孩子达 346 人。生产费用全部由国家承担，在产前和产后为母亲提供的援助也是免费的。除婴儿信箱和匿名生产外，女性们又多了秘密生产这一新选项。德国分析这些选项的使用情况，同时，仍在为因怀孕、生产而烦恼不安的女性和她们的孩子摸索最佳出路。

引进新制度尚需论证

慈惠医院目前已经开始效仿德国，考虑引进秘密生产制度，但是现行的法律阻碍了这一进程。问题主要在于如何解决新生儿的户口问题。

如前所述，婴儿被放入婴儿信箱之后将被视为弃婴，户籍会被登记在熊本市，如果孩子姓名不明，市长会为其取名。

此外，在现行法律下，如果实施秘密生产，将有可能导致新生儿成为"黑户"。虽然父母的个人信息只有部分相关人士知道，但是既然已经确认了父母的身份，父母就有义务申报出生登记，因此这项制度最终无法保护他们的隐私。

在实行新制度时，德国对户籍制度进行了改革。即使是秘密生产的儿童也能获得国籍和户口，在户籍登记时，咨询机构和医疗机构应提供写有（母亲取的）孩子姓名的出生登记证明。在这一程序完成之前，母亲的身份将被标记为"不明"。

此外，母亲的信息由谁管理、如何管理也是一个问题。

我们在第四章曾详细介绍过的终止妊娠咨询所，在德国也是秘密生产的咨询所，咨询所会将孕妇的姓名和其他个人信息寄送给国家有关部门，

16 年后，如果孩子愿意，可以查阅这些信息。只有咨询所的咨询员才能知道孕妇的真名，而医疗机构、资助机构和行政机关的工作人员只能获知孕妇本人的"化名"。

我们能在日本复制这种模式吗？孕妇的接待窗口设在哪里？又由哪个行政部门严格管理孕妇的个人信息，并以适当的方式向孩子告知？想解决这些问题绝非易事。

此外，根据《儿童福利法》第 22 条的"住院助产制度"，国家会对因经济原因无法在医院或助产机构住院的孕妇提供经济补助，而且日本还设有为低保家庭提供分娩和住院资助的"生育扶助制度"。但是，即使国家制定了完善的制度，如果不能传达给需要的人，也毫无意义。如果能让所有女性平等地了解母婴援助的重要信息，至少以生活贫困为由不接受产检的孕妇会有所减少吧？

研究德国母婴支援政策的专家柏木恭典先生认为："秘密生产克服了婴儿信箱的局限性，是一种最能保障'问题孕妇'利益的生育方式。在德国，人们对人工流产、遗弃儿童、虐待儿童及虐童致死、独自分娩和'黑户'儿童等危及母亲和儿童生命问题的讨论从未停止，这也促使国家建构与母婴援助相关的法律保障。而在日本，保护母婴生命问题并未引起足够的社会关注。若要保障儿童幸福生活的权利，实行立法保障是一个迫在眉睫的重要问题。"

在韩国，也有两个与婴儿信箱类似的设施，从事社会福利研究的韩国崇实大学教授卢惠琏女士对引进秘密生产制度持谨慎态度。"在德国，社会对女性的支援日益增强，秘密生产对德国孕妇而言只是选项之一。不少母亲在咨询后，都决定作为单身母亲继续抚养孩子。但是，在韩国或日本，社会对孕妇的援助体制尚不完善，在这种情况下引进秘密生产制度，恐怕众多被生育问题困扰的孕妇都会选择秘密生产。"

她呼吁，与其急于引进秘密生产制度，不如先解决单身母亲的贫困问题和社会偏见问题，继续加强对她们的支援力度。

会出现新的婴儿信箱吗？

第一个婴儿信箱诞生之后，2017 年 2 月前后日本又陆续出现了其他类似设施。

慈惠医院接连不断地收到来自关西地区的婴儿收养请求和电话咨询。因此，一个由助产士等人员组成的组织宣布，将计划在神户市内的玛娜助产院开设婴儿信箱。

神户市政府对此持谨慎态度，并指出："有时被收养的婴儿可能需要医疗支持，但是助产士没有行医资格，因此必须先确保有足够的医生。"

因此，该组织试图寻找可以 24 小时随时待命的医生，但因尚无进展，只好决定暂时搁置此事。今后，助产院将会在接受父母咨询的基础上收养孩子，争取成为一个"面谈型"婴儿信箱，为寄养家庭等提供中介服务。

在此之后，该组织于 2018 年 2 月开设了一个电话咨询窗口，旨在仿照慈惠医院的模式，对因怀孕、生产和育儿感到困扰的父母提供全天在线、全年无休的电话咨询服务。

该组织的理事长、京都大学名誉教授人见滋树先生说道："为了尽可能减少弃婴和堕胎行为，我们将继续努力。我们认为保护生命刻不容缓，必须奋勇向前迈出这一步。"

连接医疗和福利的人们

在德国，面向母婴的各种支援机制正逐渐获得法律上的保障。与此同时，在日本，神户市玛娜助产院这种替代婴儿信箱的援助方式也在民间如火如荼地发展着。

2013 年，为了更好地给苦于意外怀孕等问题的孕妇提供咨询服务，也为了让弃婴可以被其他家庭收养，日本各地的妇产科医生勇敢地站了出来。

以埼玉县熊谷市的妇产科医生、鲛岛亲子诊所所长鲛岛浩二先生为代表的医生支援团体出现了。

30 年来，鲛岛先生一直在为因性暴力或经济等问题无法养育孩子而陷入困境的孕妇提供咨询服务，并按照父母的意愿，为生下来的孩子和收养家庭牵线搭桥。

他们首先考虑的是让孩子过上幸福生活。鲛岛不断与母亲们商量，共同努力找出保护腹中胎儿的方法，以及保障孩子未来的最优对策。无论母亲最终选择自己抚养孩子，还是决定把孩子托付给一个新的家庭，鲛岛先生都会为尚未重新振作的母亲提供支援。不止鲛岛一人做着这样连接医疗和福利的工作，熊本市的福田医院也紧随其后，该医院被称为"日本婴儿出生量最多的医院"。

在父母使用婴儿信箱这一"最后手段"之前，我们能做点什么吗？

同为熊本的妇产科医生，福田医院的理事长福田稠先生详细研究了慈惠医院所做的努力，但他始终对全国屡禁不止的父母杀害、遗弃婴儿现象抱有疑问。

在这种情况下，福田医院参加了鲛岛先生组织的协商会议，并于2013年启动了第一家由医疗法人提供的特殊收养中介服务。

"因意外怀孕而出生的孩子，其遭受虐待和伤害的例子层出不穷，我们必须在他们失去生命之前采取行动。"到 2018 年为止，与鲛岛先生、福田先生并肩作战的全国妇产科医疗机构已经达到 22 家。烦恼不安的孕妇在向社会工作者、护士等专业人员咨询时，也可以保持匿名。这些医疗机构会保守母亲的秘密，协助其在医疗机构安全生产，并在生产前后提供支援。如果母亲决定将孩子托付给新的家庭，机构还会为她们联系提供特殊收养中介服务的全国六大医疗机构。

这些机构对收养家庭设定了严格的限制，规定其必须是地方政府认定、登记在册的家庭，且在此过程中不接受任何捐助。此外，儿童基金会还将记录、保存母亲的个人信息和收养经过，孩子长大后如果愿意，可以查看相关记录。

截至 2018 年 3 月，该组织共促成了 55 个孩子被其他家庭收养。

福田先生坚信："这些支援只有妇产科医生才能提供。我相信，如果我们能将连接医疗和福利的网络扩散至全国，就能挽救更多因遗弃或虐待等而丧命的孩子，帮助他们实现幸福的人生。"

孩子们无法预见的未来

目前，被婴儿信箱收容过的孩子的成长状况并未得到充分关注，我们之前提到过的儿童福利专家西泽哲先生对这一现状提出了质疑。

2015 年，采访小组针对婴儿信箱向全国儿童咨询所实施了问卷调查。如果父母身份明确，孩子将从熊本市被转移到父母居住地的儿童咨询所，但其中的问题是："儿童咨询所究竟给孩子们提供了什么样的援助？"

全国 208 家儿童咨询所中，只有 85 家提交了问卷，回收率仅为 40%。

其中有 9 家儿童咨询所共收养了 11 名来自婴儿信箱的儿童。截至咨询所提交问卷时，已有 2 名儿童被安置在孤儿院或其他机构，2 名儿童被委托在寄养家庭，3 名儿童被收养，被父母领回的儿童数量最多，共有 4 名。

就问卷调查的结果而言，一些儿童咨询所表示，他们会把这些问题作为"特殊情况"谨慎处理，在与母亲保持良好关系的同时，也时刻关注孩子的家庭状况，直到他们上小学为止。

但是，其中也不乏有些咨询所在观察孩子一段时间后，以"没有发现什么特别问题"为由提前结束观察，也有些以"父母拒绝探视"为由放弃与父母接触。

对此儿童咨询所表示："将会如同虐童事件一样，同等重视这些问题，并且在父母有意愿或校方有需求时，恢复对他们的援助。"

但是，使用过婴儿信箱的父母会积极前来咨询吗？当我们发现情况不对的时候，或许为时已晚。像这种尚未解决的问题仍然堆积如山。

正如我们在第二章中提到的那样，孩子在被送回父母身边之后，曾有过母女被迫自杀的糟糕情况。如果政府和社区能够无微不至地守护这对母女，或许可以拯救两条珍贵的生命。

选项的增加仅浮于表面

到目前为止，相关机构只针对已经确认身份的婴儿信箱使用者，收集了他们的年龄、使用理由和生育状况等信息，但没有跟进儿童的后续情况，慈惠医院、地方政府和儿童咨询所之间也未共享信息。

第一个被托付到婴儿信箱的男孩小翼，当采访组在节目中报道他（见序章）的成长过程时，慈惠医院的工作人员向我们抒发了他们的感想："看到被收养的孩子在收养家庭幸福生活，我们感到非常安心。这个孩子的茁壮成长，证明了我们所做的一切都是正确的。"

只有领回孩子的父母、寄养家庭、收养家庭或养护机构主动联系医院，院方才会收到有关"孩子之后的信息"。

孩子们是否拥有可以健康成长的环境？是否得到了某位特定成年人的关爱？是否了解自己曾被放入婴儿信箱的过去？他们的福利需要像其他正常孩子一样得到保障，而不是只要被放进婴儿信箱就万事大吉了。

西泽先生认为，目前日本的相关社会制度并不能满足现实需求："婴儿信箱虽然是一种保护儿童生命的新选项，但它仅仅停留在表面，孩子在被婴儿信箱收容之后，相关人员还是在用粗暴的老方法对待他们。"

"我们迫切需要一个新的社会制度，以帮助苦于怀孕、分娩和育儿的女性，并保护她们孩子的生命。要做到这一点，首先必须由国家牵头，针对 130 名被托付给婴儿信箱的儿童，调查并认真分析其父母所面临的状况。如果不搞清楚何为必行之事，不提出具体的援助方案，就无法真正挽救孩子的生命。"西泽先生如是说。

婴儿信箱的新问题

婴儿信箱设立已有 10 个年头，现在新问题也开始浮出水面。

有些被寄养的孩子已经十几岁了，正处于青春期，就像我们在序章中介绍的小翼一样。

"我们该何时告诉孩子真相？"

熊本县一家孤儿院一直在接收被放入婴儿信箱的孩子，该孤儿院职工表示，抱有此疑问的收养家庭越来越多。

孩子们将来在结婚、办理护照或继承遗产时必须确认自己的户口，届时很可能会发现"自己的父母并非亲生父母"。而如果孩子在大人告诉他之前先知道此事，他们之前对新家庭积累的信任很可能会瞬间土崩瓦解。为了避免这种情况，婴儿信箱的工作人员会对收养家庭表示，认真地向孩子"如实相告"非常重要。

一些养父母很怕向孩子坦白他是从婴儿信箱中被收养的，但该职员认为，与其继续欺骗孩子，还不如相信孩子、告诉他们真相。

"我们可以向孩子反复强调'你的亲生父母也非常关心你，所以才会让你来到这里。能遇见你，我们感到很幸福'，这会让孩子更加肯定自我，父母和孩子的关系也会更加紧密。"

那么，我们应该何时、以何种方式告诉孩子呢？

收养了婴儿信箱孩子的父母可能都会面临这种烦恼。特别是先寄养再收养的父母，由于在收养阶段地方政府和支援团体将不再过问新家庭的情况，这时除非养父母主动提出要求，否则他们将无法获得后续帮助。

"现在到了该认真考虑如何告诉孩子真相的时候了。我认为，为了孩子的未来，我们需要建立一个养父母之间相互沟通的平台，一起讨论如何将真相告知收养自婴儿信箱的儿童。"一名接受采访的孤儿院工作人员如是说道。

而慈惠医院副院长莲田健先生则表示："因性侵或卖淫而怀孕的案例也不在少数，这时保障孩子了解亲生父母的权利对他们而言未必是好事。相关机构必须在认真讨论的前提下，找到让被放入婴儿信箱的孩子渡过难关的方法。"

关于健全儿童福利制度

凭借这些善意和热情，日本对母亲和孩子的援助正在逐渐加强，但仍然有一些女性存在怀孕、生产和抚养子女等问题。

为了"正面解决少子化与老龄化"，日本政府推出"日本一亿总活跃计划"[1]，从各个角度研究对策，并制定了未来的发展蓝图。该计划的目标是实现"1.8%的预期出生率"。

的确，如果不提高出生率，这个国家的前途将岌岌可危。但是，女性只需要把孩子生下来就好了吗？我们真的可以为了追求出生率，而把新生儿的幸福和对其父母的援助弃之不顾吗？

"鹳鸟摇篮专家委员会"成员山县文治先生多年来一直关注日本的儿童福利状况，他指出，目前针对儿童福利的保护机制远远不能满足现实需要。"我们可以通过逐一分析婴儿信箱的案例，来了解其背后的父母，以及孩子之后的情况。起初，人们希望通过设立这些机构来减少儿童因虐待而丧命的情况，但如今已经过去了10年，情况几乎丝毫没有改善。婴儿信箱的案例，放到整个日本只不过

---

1 ［译注］"日本一亿总活跃计划"由日本内阁会议于2016年6月2日通过，该计划提出了以实现"一亿活跃社会"为目标的"新三支箭"，以及实现这一目标的努力方向。所谓"一亿活跃社会"，指的是每个人都能发挥自己的能力、感受人生价值的社会，是安倍政府为从根本上解决少子高龄化带来的结构性问题而提出的口号。

是一小部分。考虑到还有许多孩子处于水深火热之中，我们应该回过头重新开始，由国家牵头，去认真讨论目前对父母的援助是否足够。"

国家制定的《儿童福利法》是保障儿童健康成长的法律。但山县先生认为，国家现行的母婴援助政策，以及包括婴儿信箱在内的一些民间措施，尚未完全做到从儿童的角度出发去解决问题。

山县先生指出，"《儿童福利法》的理念在于保障儿童的权利。即便我们已经拯救了一个孩子的生命，但更应该重视他在今后是否能够幸福地成长。尽管我们目前拥有各种各样的援助机制，但对孩子而言，何种援助才是最好的呢？全国上下并未充分探讨这些援助方式就予以实施，这是一大问题。如果父母无法抚养孩子，我们就应该尽早把孩子交给新的家庭，而非收容机构；如果孩子最终想知道自己的亲生父母是谁，我们就应该建立一个系统，以便及时为他们提供父母的信息；如果亲生父母打算重新领回并抚养孩子，我们就应该建立一个可以长期跟进其情况的机制。这些都应该由国家负责实施和推进。如果我们将这一理念弃之不顾，那就不能说在真正意义上拯救了孩子"。

婴儿信箱带来的问题

2017 年 5 月，我们在慈惠医院采访了婴儿信箱的工作人员，当时他们正在进行接待来访者的训练。

当天参加培训的助产士是一位已在慈惠医院工作一年的年轻女性。在婴儿信箱的警报响起之前，她一直在护士站旁边的婴儿室里照顾新生儿。

同一个街区的某个养护机构中，既有在众人的祝福中诞生的孩子，也有还未感受过父母的温情便惨遭抛弃的孩子。这位助产士小心翼翼地用双手抱着训练用的布娃娃，面对自己怎么也想不通的事实，倾诉心声道："每当我看到被放入婴儿信箱的宝宝时，心情都会很复杂，但我认为每个宝宝都很重要。"

在对婴儿信箱追踪报道的 10 年间，我们心中一直充斥着一股无处发泄的愤怒。

——为何抛弃自己的孩子？

我们曾经几十次、几百次发问，但是始终得不到明确的答案。

与此同时，婴儿信箱却反过来向我们抛出了无数问题。如果我们不能尽早认真解决这些问题，那么因此蒙受不幸乃至丧失生命的孩子还将不断增加。

2018年3月，本书仍未完稿，当时有人在神奈川县川崎市的公寓内发现了一具婴儿尸体。36岁的母亲因遗弃罪被逮捕。这位母亲解释道，她在家分娩后因大出血曾一度失去知觉，醒来时孩子已经没有了呼吸。我们究竟怎样才能拯救这样的孩子呢？

正如慈惠医院的莲田先生所呼吁的那样，首先应该在全社会树立问题意识。无论是否为人父母，也不管从事何种职业，这是每个人都应该去思考的问题。

国家应该如何保护现有社会保障安全网未能拯救的生命呢？我们能否建立一个可在产前产后长期关爱女性的系统，以避免她们在产后虐待孩子致其死亡呢？

通过围绕婴儿信箱展开的一系列采访，我们认识到有必要采取以下措施：

- □ 开设可以咨询问题的窗口并配备可以提供正确建议的专家。
- □ 彻底改革寄养制度、收养制度和亲权制度，以便能够将亲生父母无法养育的孩子迅速托付给新的家庭。
- □ 统一官方和民间收养中介机构的运作规范，以便在被父母抛弃的儿童希望"知晓亲生父母"时能够迅速获得相关信息。
- □ 加强对青年，特别是男性在怀孕、生产和育儿方面的教育。

小翼和婴儿信箱

我们通过采访认识了小翼和他现在的家庭，在采访结束后，采访小组也曾多次造访。收养家庭的田中夫妇每次都会热情地欢迎我们，并用家常菜招待我们。当我们一起围坐在餐桌旁时，小翼会开心地谈论起他在学校的情形，以及假期和家人一起去游乐园的事情。

　　记得第一次见到小翼的那天，我心中一种感情油然而生："谢谢你还活着。"这听起来或许让人觉得夸张，却是我当时的真实想法。

　　小翼能有"今天"，得益于许许多多成年人对一个小生命的守望相助。

　　那天保护小翼并将他与现在的收养家庭联系在一起的婴儿信箱，将会日复一日陪伴他一生。

　　我想拯救孩子的生命。

　　直到今天，两只鹳鸟仍背负着许多人的希望，为了完成使命而在医院的一个角落里始终默默地守护着婴儿信箱。

结　语

东日本大地震 3 年后的初春，我从 NHK 的特别节目《那一天诞生的生命》中得知，3 月 11 日——灾难发生当天，有 100 多个新生命在灾区诞生。在那一天，当悲伤席卷整个日本时，许多刚升级为父母的人困苦不已："我的孩子在这么一个尸横遍野的地方出生，我一点也高兴不起来。"当时，我就产生了一种强烈的感觉。

出生时，孩子们并不能选择自己的出生地、生日和父母。每个小生命的分量都是相同的，我们都应该一视同仁地予以尊重。无论是当天在灾区出生的生命，还是被人托付给婴儿信箱的生命，都应该得到周围人同样的祝福、关爱和珍惜。这就是我们在节目中想要表达的内容。

本书源于电视台的节目，采访组在制作节目时采访到的少年小翼，他的坚强远远超出了我们的想象。

就在采访当晚，记者发电子邮件告诉我们，已经成功完成对少年的采访。深夜，当我读到邮件的文字附录时，不由得为之动容而泪流不止。那是这位少年第一次在镜头前说的话。

"如果当初没有把我送到婴儿信箱，就没有今天的我。我想说，谢谢你。"

对把自己托付给婴儿信箱的成年人说"谢谢"吗？这个孩子说出的话有着让人意想不到的分量。

在制作节目的过程中，我们一直对那些抛弃亲生骨肉的自私父母愤慨不已。但是，这位少年的话似乎平息了那股巨大的愤怒，也给了我另一个思考问题的角度。

也许大人同样需要被拯救，不，也许大人才正是需要被拯救的人……

也许所有人都认为，如果你没有抚养孩子的能力，那么就不要生孩子。然而，这些大道理并不能阻止意外怀孕和意外生子事件的发生。让全社会不再对这些问题置若罔闻，共同支援儿童的孕育者和养育者，才是保护儿童生命和未来的唯一方法。

由于篇幅有限，我们无法逐一提及所有人，但在最后，还是要感谢所有在节目制作和本书付梓出版过程中帮助过我们的人。

最重要的是，我想对少年和他的家人表示衷心的感谢，感谢他们鼓起勇气接受采访。最后我还想再对这个少年表示感谢，如果没有你的这番话，我们采访组就永远无法向众人揭示婴儿信箱10年的真相。

"谢谢你能来到这个世界！"

2018年4月

NHK名古屋电视台新闻部总制片人　板垣淑子

◎ 参考文献

・菊田昇『この赤ちゃんにもしあわせを　菊田医師あかちゃんあっせん事件の記録』人間と歴史社、1978 年

・柏木恭典『赤ちゃんポストと緊急下の女性　未完の母子救済プロジェクト』北大路書房、2013 年

・蓮田太二・柏木恭典『名前のない母子をみつめて　日本のこうのとりのゆりかご　ドイツの赤ちゃんポスト』北大路書房、2016 年

・熊本県「こうのとりのゆりかご」第 1 期検証報告

・熊本県「こうのとりのゆりかご」第 2 期〜第 4 期検証報告

・厚生労働省統計資料

・OECD 統計資料

◎ **制作小组成员**

NHK 今日焦点

被托付给婴儿信箱的生命——100 名婴儿的命运

（2015 年 4 月 7 日播放）

采　　访　　山室桃（报道局科学文化部记者）

总　　监　　熊谷百合子（报道局社会节目部总监）

制作统筹　　板垣淑子（报道局社会节目部总制片人）

　　　　　　巅洋一（报道局社会节目部总制片人）

　　　　　　名越章浩（报道局科学文化部总编）

今日焦点 +

我的亲生父母在哪里？——10 年后的婴儿信箱纪实

（2017 年 6 月 8 日播放）

采　　访　　山室桃（报道局科学文化部记者）

　　　　　　本庄真衣（熊本放送局记者）

总　　监　　竹内春香（报道局社会节目部总监）

制作统筹　　板垣淑子（报道局社会节目部总制片人）

　　　　　　户来久雄（报道局社会节目部总编）

　　　　　　铃木贵行（熊本放送局总编）

◎ 执笔者简历

山室桃（Yamamuro Momo）

1976 年出生。2007 年入职 NHK。横滨放送局广电部记者。在熊本放送局时就一直参与婴儿信箱的采访。在报道局科学文化部负责医疗、文化、IT 等领域的采访。主要作品有《今日焦点：防止年轻一代自杀——边缘性人格障碍》《引进新型产检 1 年——如何支撑与生命相关的决断》《今日焦点 +：残疾人的恋爱与性》《坂本龙一　在分裂的世界》等。

熊谷百合子（Kumagai Yuriko）

1983 年出生。2006 年入职 NHK。曾就职于报道局社会节目部，现任札幌放送局广电部总监。从在初次任职的福冈放送局时开始就持续报道婴儿信箱。主要作品有《今日焦点："活在当下"的语言——诗人吉野弘的世界》、NHK 特别节目《战后 70 年日本的肖像——跨越战后 70 年——日本人能做什么》《探究天才画师若冲之谜》等。

竹内春香（Takeuti Haruka）

1985 年出生。2009 年入职 NHK。报道局社会节目部总监。2016 年，在婴儿信箱开设 10 年之际加入采访组。主要作品有《今日焦点：回到新"故乡"——新泻县中越地震 10 年的摸索》《今日焦点 +：蔓延的"隐蔽的黑心企业"——密切关注特别对策班》《灾后 6 年被埋没的孩子们的声音——"核电站避难欺凌"的实态》等。

NHK 采访组

由 NHK 组成的采访组连续 10 年追踪日本首个婴儿信箱，向观众传递它的实况。2015 年 4 月播出的《今日焦点》中，NHK 采访组作为首次接触被托付给婴儿信箱的孩子的媒体，向观众们传递了一名 10 多岁少年的心声，震惊了全国上下；2017 年 6 月在《今日焦点 +》中，阐明了婴儿信箱的"当下"和存在的问题。